Dopo aver vissuto sulla soglia della morte per sette anni a causa delle varie malattie di cui soffriva, il dottor Jaerock Lee ha ricevuto completa guarigione quando ha incontrato l'Iddio vivente.

Successivamente, il dottor Lee fu chiamato ad essere un servo di Dio e nel 1982 ha fondato la Chiesa Manmin a Seoul, in Corea. Da allora, negli ultimi 27 anni, la chiesa è cresciuta fino a diventare una congregazione di 100.000 membri. Durante tutto il suo ministero, il dottor Lee ha manifestato la potenza di Gesù Cristo e glorificato Dio con segni e prodigi. Con innumerevoli prove tangibili, Dio ha confermato più volte i messaggi proclamati dal dottor Lee dovunque egli abbia condotto crociate, anche al di là dei confini coreani, in molti paesi tra cui Uganda, Giappone, Pakistan, Kenya, Filippine, Honduras, India, Russia, Germania, Perù, Repubblica Democratica del Congo , New York City negli USA e Israele. Queste crociate sono state trasmesse in tutto il mondo attraverso la televisione e internet. In particolare, della crociata svoltasi in Uganda nel 2000, è stata data notizia dalla CNN (Cable News Network). Durante la "Unity Crusade" in Israele, nel 2009, tenutasi presso l'International Convention Center di Gerusalemme, il dottor Lee ha proclamato che Gesù Cristo è il Messia, e questa crociata è stata trasmessa in diretta in ben 220 nazioni. A tutt'oggi, il dottor Lee ha scritto 59 libri, riempiti della preziosa parola della vita, e attraverso il suo ministerio numerosissime anime sono state condotte sulla via della salvezza.

Uno dei suoi scritti più potenti, "Il messaggio della Croce", ha risvegliato moltissime anime in tutto il mondo dal torpore spirituale in cui erano cadute.

Tour mondiale

Attraverso la potenza di Dio, il dottor Lee ha coraggiosamente proclamato al mondo l'esistenza di Dio, l'unico Salvatore di tutti gli uomini Gesù Cristo, e la veridicità di tutto ciò che la Bibbia dichiara!

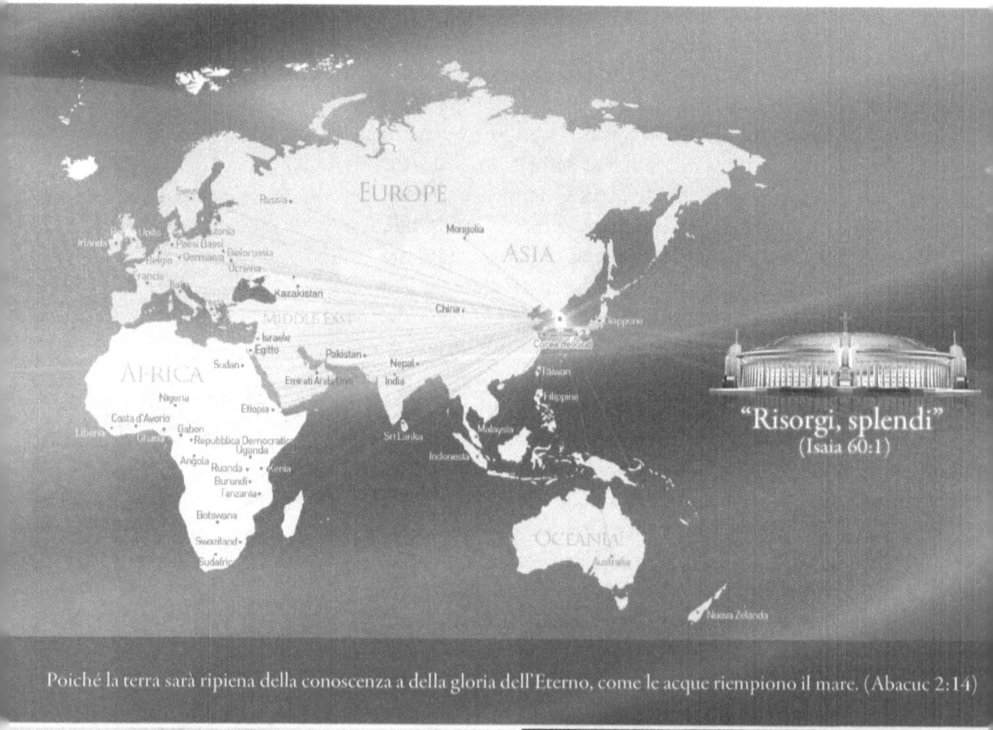

"Risorgi, splendi"
(Isaia 60:1)

Poiché la terra sarà ripiena della conoscenza a della gloria dell'Eterno, come le acque riempiono il mare. (Abacuc 2:14)

Decine di crociate oltremare condotte dal dottor Jaerock Lee hanno scosso il mondo con la potenza dello Spirito Santo

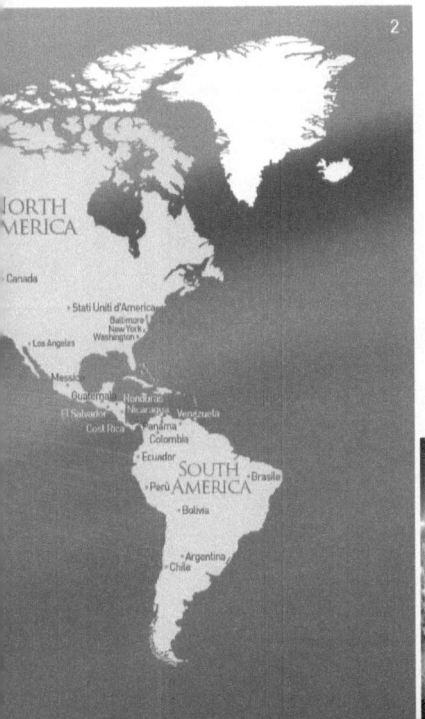

1 Kenya - Holy Gospel Crusade
2 Ministerio Mondiale presso la Manmin Central Church
3 Pakistan - Great United Crusade
4 Uganda - Holy Gospel Crusade
5 Filippine - Revival and Healing Crusade
6 Honduras - Miracle Healing Crusade
7 Peru - Healing Crusade

Tour mondiale

Ma voi riceverete potenza quando lo Spirito Santo verrà su di voi, e mi sarete testimoni in Gerusalemme e in tutta la Giudea, in Samaria e fino all'estremità della terra. (Atti 1:8)

3

1 Repubblica Democratica del Congo –
  Miracle Healing Festival
2 Israele – United Crusade
3 New York – Crociata
4 Germania – Healing Festival
5 Russia – Miracle Healing Festival
6 India – Miracle Healing Prayer Festival

GOD IS GREAT

Tour mondiale

"Una volta Dio ha parlato, due volte ho sentito questo: che il potere appartiene a Dio". (Salmo 62:11)

Decine di crociate oltremare condotte dal dottor Jaerock Lee hanno scosso il mondo con la potenza dello Spirito Santo

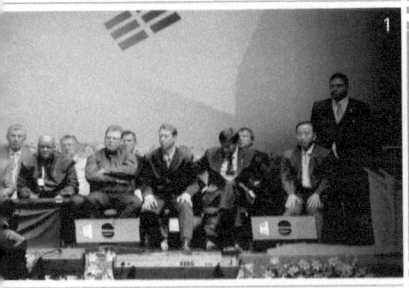

Attraverso il dottor Jaerock Lee, Dio conferma che con la sua presenza e la sua potenza la guarigione biblica, che è semplicemente impossibile da ottenere con la forza dell'uomo, è possibile ancora oggi. Ad ogni crociata, quando il dottor Lee pregava dal pulpito per i malati, moltissime persone hanno ricevuto la guarigione di Dio da malattie incurabili e terminali come l'AIDS, il cancro e altre ancora.

1 Israele - United Crusade
2 India - Miracle Healing Prayer Festival
3 Invito del presidente della Repubblica Democratica del Congo, Joseph Kabila, nel 2006

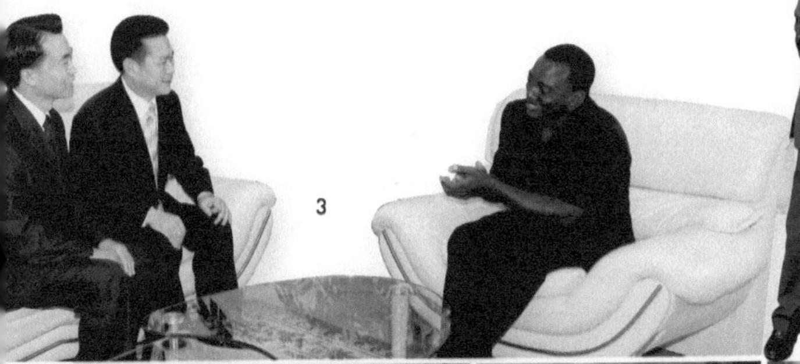

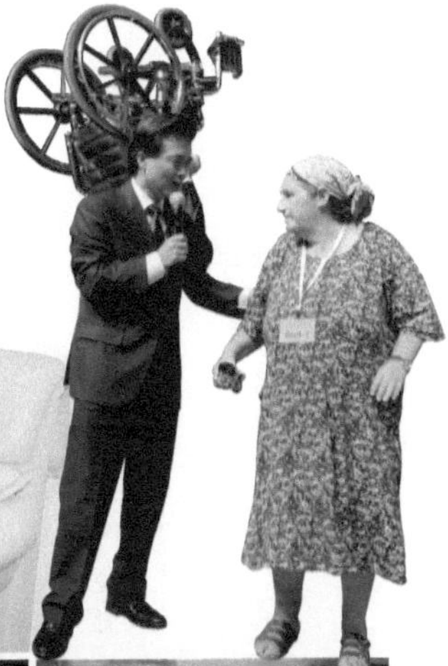

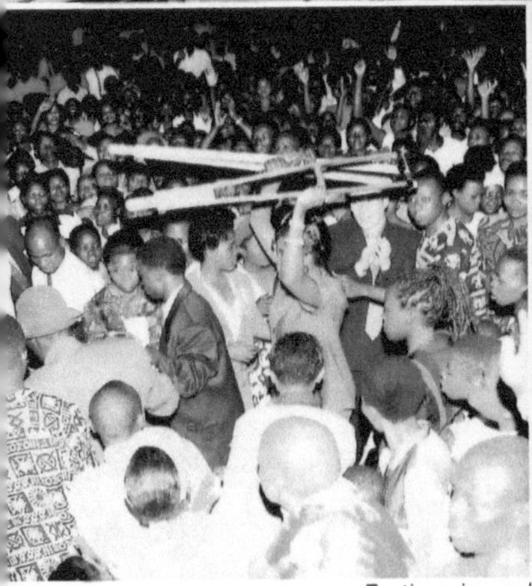

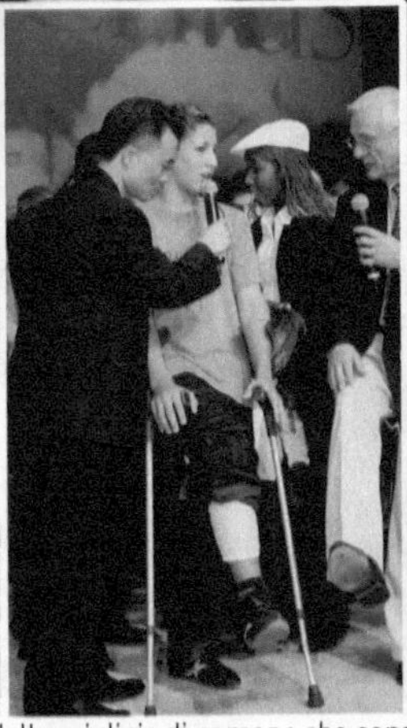

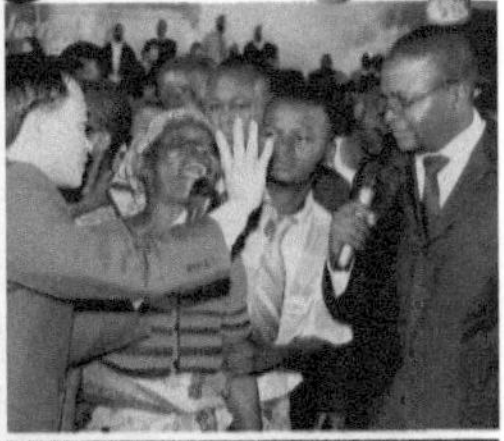

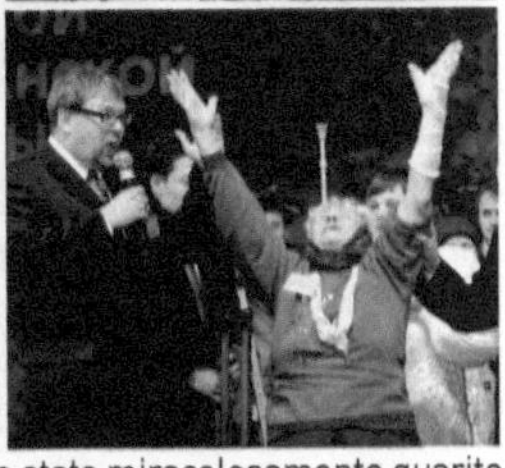

Testimonianze delle migliaia di persone che sono state miracolosamente guarite

La Manmin Central Church si fa carico dell'evangelizzazione nazionale e della missione mondiale

A partire da aprile 2010, il ministerio Manmin dispone di 40 filiali e 13 chiese locali nelle città principali della Corea del Sud, e di circa 9.000 chiese filiali all'estero. Ogni servizio di culto presso la Manmin Central Church viene trasmesso in diretta nelle sue chiese filiali in Corea e in molti paesi attraverso i satelliti "NSS-6" (New Skies Satellites 6) e Thaicom 5 e GCN, e al resto del mondo su Internet. Inoltre, il ministerio Manmin è a capo di altre opere missionarie, compresa la pubblicazione di libri, giornali e riviste come pure lo sviluppo delle arti da spettacolo. Il ministerio Manmin ha anche assunto un ruolo guida nel compimento della missione mondiale e nella preparazione per il lavoro missionario verso la Corea del Nord. La Manmin Central Church è stata anche incaricata di costruire il Grande Santuario che servirà per rivelare l'immensa gloria di Dio al mondo negli ultimi tempi.

1 Gran concerto di Pasqua
2 Anniversario della Chiesa
3 Cerimonia dell'accensione delle decorazioni natalizie
4 Domenica Festa del Ringraziamento
5 Cerimonia inaugurale del GCN
6 Conferenza del WCDN nel 2006
7 L'Orchestra Nissi

Risorgi, splendi perché la tua luce è giunta e la gloria del Signore si è levata su di te. (Isaia 60:1)

IL MESSAGGIO DELLA CROCE

IL
MESSAGGIO
DELLA
CROCE

Dott. Jaerock Lee

URIM
BOOKS

IL MESSAGGIO DELLA CROCE

Titolo originale:
THE MESSAGE OF THE CROSS del Dott. Jaerock Lee
Pubblicato da Urim Books
235-3, Guro-dong 3, Guro-gu, Seoul Korea

Tutte le citazioni delle Sacre Scritture — se non ove citato — sono citate dalla Nuova Diodati.

Precedenti pubblicazioni in Coreano Urim Books, Seoul, Korea.
Copyright © 2002, ISBN: 89-7557-006-1
Traduzione a cura di Dott. Ester K. Chung. Usato con permesso.

Prima edizione: Aprile 2010

Editing a cura di Dott. Geumsun Vin
Traduzione in Italiano e Revisione a cura di Elisabatta Alicino Maugeri
Pubblicato in Seoul, Korea da Urim Books (Rappresentato da Seongnam Vin)
Stampato in Seoul, Korea

PREFAZIONE

Prego che nel leggere questo libro ognuno di voi comprenda il cuore di Dio ed il Suo grande piano d'amore, ponendo un solido fondamento per la propria fede.

Questo libro, *Il Messaggio della Croce,* fin dal 1986, ha condotto numerose persone sulla via della salvezza ed ha dimostrato una grande opera dello Spirito Santo attraverso molte campagne di evangelizzazione estere. Finalmente, Dio il Padre mi ha benedetto con la possibilità di pubblicare questo messaggio: voglio dare ogni ringraziamento e gloria a Lui!

Molte persone dicono di credere in Dio il Creatore e di conoscere l'amore di Suo Figlio, Gesù Cristo, ma non riescono a predicare il Vangelo con sicurezza. Sono pochi, infatti, i cristiani che comprendono il cuore e la provvidenza del Padre: alcuni di essi sono separati da Lui perché non hanno né ricevuto risposte chiare ai molti interrogativi sollevati dalla Bibbia, né capito il misterioso favore del Suo amore.

Per esempio, cosa risponderesti se ti fossero poste queste tre domande: Perché Dio ha posto l'albero della conoscenza del bene e del male nel giardino ed ha lasciato che l'uomo ne mangiasse? Perché ha creato l'inferno, nonostante abbia sacrificato Suo Figlio Gesù Cristo per i peccatori? Perché Gesù è l'unico Salvatore?

Durante i miei primi anni di vita cristiana non riuscivo a capire la profonda provvidenza divina visibile nella creazione, ma segreta e nascosta nella croce. Dopo avere ricevuto la chiamata a ministro del Vangelo, cominciai a chiedermi: "Come posso condurre tante persone sulla via della salvezza e glorificare il Signore?". Pensai che avrei dovuto capire ogni parola della Bibbia inclusi i passaggi difficili, attraverso l'interpretazione divina, per poi predicarli in tutto il mondo. Digiunai il più possibile e pregai intensamente per questo, ma passarono sette anni prima che l'Eterno cominciasse a darmi rivelazione.

Nel 1985 un giorno mentre pregavo, lo Spirito Santo mi riempì con fervore e cominciò a mostrarmi la segreta provvidenza di Dio fino ad allora a me nascosta: era il Messaggio della Croce. Lo predicai ad ogni servizio domenicale per 21 settimane. Le registrazioni di questo messaggio hanno influenzato molte persone nella mia terra ed all'estero. Lo Spirito Santo operò come un fuoco ardente ovunque esso fu predicato: molti si sono pentiti dei propri peccati e sono stati guariti da malattie ed infermità; non hanno più avuto dubbi sul beneficio divino ed hanno acquisito la vera fede e la vita eterna. Fino a quel momento non conoscevano veramente Dio ed il Suo profondo amore; ma attraverso questo messaggio, hanno iniziato ad incontrarlo, a comprendere i Suoi progetti e ad avere la speranza della vita eterna.

Se comprendi chiaramente il motivo per cui Dio ha posto l'albero della conoscenza del bene e del male nel Giardino dell'Eden, potrai anche capire la Sua provvidenza per la cura dell'umanità e Lo amerai ancora più sinceramente. Nel conoscere il vero proposito della tua stessa vita, riuscirai a lottare contro il peccato al punto di soffrirne talvolta anche fisicamente, cercando di fare il tuo meglio perché il tuo cuore somigli al cuore del Signore Gesù Cristo ed essere così fedele fino a morire per Lui.

Il Messaggio della Croce ti mostrerà l'assistenza divina nascosta nella croce e ti aiuterà a porre un fondamento stabile per una vera e buona vita cristiana. Perciò, ripeto, chiunque leggerà questo libro sarà in grado di capire i benefici di Dio ed il Suo profondo amore, di avere una fede vera, di stabilire e condurre una vita cristiana gradita ai Suoi occhi.

Ringrazio il direttore ed il personale della Casa Editrice, che si sono impegnati per la pubblicazione di questo lavoro. Ringrazio anche l'ufficio delle traduzioni.

Possano in molti realizzare la provvidenza profonda del Signore, incontrare il Dio d'amore ed essere salvati per divenire Suoi veri figli. Tutto questo lo prego nel nome del Signore Gesù Cristo!

Jaerock Lee

INTRODUZIONE

Il Messaggio della Croce é la saggezza e la potenza di Dio, un messaggio che ogni cristiano in tutto il mondo deve abbracciare!

Ringraziamento e gloria vadano a Dio, il Padre, che ci ha guidati nel pubblicare questo libro. Sono molti i membri di Manmin in tutto il mondo che ne hanno atteso con ansia la pubblicazione. Quest'opera contiene chiare risposte a molte domande che i cristiani si pongono: Com'era Dio, il Creatore, prima del principio? Perché creò l'uomo e gli permise di vivere su questa terra? Perché mise l'albero della conoscenza del bene e del male nel Giardino dell'Eden? Perché mandò il Suo unico e solo Figlio come sacrificio di espiazione? Perché progettò il piano della salvezza attraverso una rozza croce di legno?... E la lista non finisce qui.

Questo libro consiste in diversi messaggi ripieni di Spirito Santo predicati dal Dott. Jaerock Lee che ti illumineranno per conoscere e capire il profondo, vasto e grande amore di Dio.

Il Capitolo 1, "Dio Creatore e la Bibbia", è una presentazione del

Signore e di come opera fra noi. Leggendolo, troverai l'evidenza del Dio vivente e realizzerai le verità bibliche alla luce della storia dell'umanità. In esso, inoltre, si dimostra la falsità della teoria dell'evoluzione e la verità della creazione di Dio.

Il Capitolo 2, "Dio Crea e Coltiva l'Uomo", testimonia di Dio come Creatore di ogni cosa nell'universo e Formatore dell'uomo a Sua immagine. Inoltre insegna anche quale sia il vero significato della vita dell'umanità e lo scopo divino nell'elevare gli esseri umani a Suoi veri figli spirituali.

Il Capitolo 3, L'Albero della Conoscenza del Bene e del Male, offre risposte alla domanda fondamentale di tutti i Cristiani: Perché Dio ha piantato l'albero della conoscenza del bene e del male? Ne spiega dettagliatamente le ragioni e aiuta a capire il profondo amore e la misteriosa provvidenza divina, che "coltiva" gli esseri umani sulla terra.

Il Capitolo 4, Il Segreto Nascosto Prima della Fondazione dei Tempi, spiega la relazione tra la legge del riscatto del suolo e la legge spirituale della salvezza dell'uomo (Levitico 25). In esso vedrai che tutti gli uomini dovevano passare per la via della morte a causa dei loro peccati, ma Dio ha preparato la meravigliosa via della loro salvezza molto prima della fondazione dei tempi. Insegna, inoltre, perché Egli abbia nascosto la via per la salvezza dell'uomo fino al tempo da Lui scelto e come Gesù sia ritenuto l'unico che possa soddisfare le condizioni contenute nella legge per il riscatto del suolo.

Il Capitolo 5, Perché Gesù è il nostro Unico Salvatore?, spiega come il progetto di Dio per la salvezza dell'umanità, che era stata nascosta da prima della fondazione dei tempi, fu adempiuto attraverso Gesù Cristo; chiarisce il motivo della Sua crocifissione, le benedizioni ed i diritti dei figli di Dio, il significato del nome "Gesù Cristo" e perché non abbia dato nessun altro nome sotto il cielo, se non questo, attraverso il quale gli uomini possano essere salvati e così via. Sentirai l'incommensurabile amore di Dio nel comprendere l'implicazione spirituale della profondità del messaggio di questo capitolo.

Il Capitolo 6, La Provvidenza della Croce, fa luce sui significati profondi delle sofferenze di Gesù. Se era davvero il Figlio di Dio, perché è nato in una stalla e fu posto in una mangiatoia? Perché ha vissuto in povertà? Perché è stato frustato su tutto il corpo, incoronato di spine ed inchiodato piedi e mani? Perché ha patito tanto dolore, al punto da versare sangue ed acqua?

Questo capitolo provvede risposte precise a tali domande ed aiuta a capire la motivazione spirituale delle Sue sofferenze. Ogni sorta di malattia e infermità, tanto quanto problemi come povertà, discordia in famiglia, difficoltà lavorative ed altro ancora... sarà tutto chiaro una volta compreso il perché del Suo sacrificio. Queste pagine ci aiutano ad ampliare la conoscenza del profondo amore di Dio, a liberarci da ogni tipo di male ed a renderci partecipi della natura divina.

Il Capitolo 7, "Le Ultime Sette Parole di Gesù sulla Croce", spiega l'importanza spirituale di queste frasi pronunciate da Gesù sulla croce, poco prima di morire. Attraverso di esse, Egli ha compiuto la missione che aveva ricevuto da Suo Padre. Questo capitolo enfatizza l'importanza di comprendere il grande amore di Gesù per l'umanità, aspettare il Suo ritorno e partecipare al buon combattimento fino alla fine, nella speranza della risurrezione.

Il Capitolo 8, "La Fede Vera e la Vita Eterna", dichiara che solo attraverso la vera fede diventeremo uno col nostro Sposo Gesù Cristo. In esso leggiamo, alla luce della Bibbia, come alcune persone le quali dicono di credere nel Salvatore Gesù Cristo, non saranno salvate nel Giudizio dell'ultimo Giorno. La Parola, non solo enfatizza l'importanza di accettare Gesù Cristo, ma anche del mangiare la carne del Figlio dell'Uomo e bere il Suo sangue per giungere alla salvezza eterna attraverso una vera fede. Il capitolo in questione, espone anche la natura di questa vera fede, come ottenerla e cosa fare per raggiungere la completa salvezza.

Il Capitolo 9, Nato d'Acqua e di Spirito, prima di tutto menziona il dialogo tra Gesù e Nicodemo; questo confronto conclude Il Messaggio della Croce. Il cuore deve essere continuamente rinnovato attraverso l'acqua e lo Spirito Santo fino al giorno in cui Gesù Cristo tornerà. Dobbiamo mantenerci irreprensibili nello spirito, nell'anima e nel corpo per la Sua Seconda Venuta, cioè il tempo in cui Dio ci riceverà come la Sua bella sposa.

Il Capitolo 10, Cos'è l'Eresia?, presenta la natura dell'eresia e discute la comprensione negativa e falsa che molti cristiani hanno a riguardo. Oggi molte persone colpevolizzano e accusano valide opere di Dio, giudicandole eretiche o mancanti perché non conoscono la definizione biblica della parola eresia. Questo capitolo ci avverte che non dovremmo mai colpevolizzare o condannare l'opera dello Spirito Santo dichiarandola eretica. In esso leggiamo appunto il significato di eresia, come distinguere lo Spirito della verità da quello della falsità e vi troviamo anche alcune denominazioni eretiche. Inoltre, esso enfatizza l'importanza di vegliare e pregare continuamente, dimorando nella verità per non essere tentati dallo spirito della falsità o dalla tentazione.

L'apostolo Paolo parla del messaggio della croce, la saggezza divina, dicendo in 1° Corinzi 1:18 *"Infatti il messaggio della croce è follia per quelli che periscono, ma per noi che siamo salvati è potenza di Dio"*. Qualunque persona, una volta compreso il segreto nascosto nella croce e l'immensa provvidenza dell'incommensurabile amore di Dio per l'umanità, può avere la vera fede, incontrare il Vivente e godere della piena vita cristiana.

Il Messaggio della Croce è l'insegnamento base della tua vita. Perciò, io prego nel nome del Signore che tu possa porre il fondamento per la tua vita cristiana e raggiungere la salvezza completa e la vita eterna

Geumsun Vin
Direttore Ufficio Editoriale

CONTENUTI

Capitolo 1

DIO CREATORE E LA BIBBIA

- L'Inganno della Teoria dell'Evoluzione
- Dio, Creatore
- Dio, Io Sono Colui che Sono
- Dio, Onnisciente e Onnipotente
- Dio, Autore della Bibbia
- Ogni Parola della Bibbia è vera

"Nel principio DIO creò i cieli e la terra."

Genesi 1:1

Le teorie sull'origine degli esseri umani o della vita in generale hanno sollevato molte controversie e diverse opinioni entrambe convergenti in una delle due seguenti categorie: creazionismo o evoluzionismo.

Da una parte, il primo sostiene che Dio progettò e creò l'universo e tutte le cose secondo la Sua saggezza. Tutti coloro che credono nel creazionismo hanno una prospettiva concentrata su Dio e sono convinti che Egli governi su vita, morte, buona sorte e sulle disgrazie dell'umanità, in adempienza alla Sua Parola scritta nella Bibbia. Essi vivono, perciò, secondo la Sacra Scrittura nella speranza di ricevere il Regno dei cieli.

Dall'altra parte, gli evoluzionisti affermano che qualsiasi genere di creatura vivente sia stata formata spontaneamente da oggetti esanimi, evolvendosi da semplici esseri a creature più sofisticate. Sostengono, inoltre, che una specie si sia sviluppata in innumerevoli altre e che l'origine della vita sia sorta per caso. Perciò, essi non riconoscono Dio come Creatore e non hanno la speranza nel Regno dei cieli, e naturalmente la loro prospettiva è incentrata sull'uomo e su propositi di vita assolutamente terreni.

Dal momento che devono risolvere tutti i loro problemi da soli senza contare sull'aiuto di Dio Creatore, essi vivono costantemente preoccupandosi di che mangiare, di che vestirsi e così via. Oltretutto, per godere al massimo la propria vita, cercano disperatamente e continuamente qualcosa che possa riempire la loro solitudine ed il loro vuoto. Niente in questo mondo può dar loro la vera gioia e alla fine anch'essi torneranno alla polvere... E' come un circolo vizioso!

Due teorie talmente contrarie l'una dall'altra, influenzano lo scopo ed il significato della vita, al punto da essere un fattore cruciale e decisionale per vita o morte eterna. Ecco perché è necessaria una comprensione chiara e corretta dell'argomento.

L'Inganno della Teoria dell'Evoluzione

Oggigiorno riscontriamo che più la scienza avanza, più l'evoluzione viene confutata; infatti, è molto più difficile credere in essa piuttosto che nella creazione. Andando scientificamente a fondo nella teoria evoluzionistica, la probabilità che l'universo e tutte le cose in esso si siano sviluppate in un lungo arco di tempo, è meno di una su cento miliardi.

L'Evoluzionismo è basato su ipotesi incerte

Secondo gli evoluzionisti, nel principio, il Big Bang formò l'universo. Essi asseriscono che l'idrogeno si sia sviluppato nella terra e nel sistema solare e che l'acqua del nostro globo terracqueo, sia sorta dalla neutralizzazione dell'acido contenuto nella terra e degli alcali esistenti sulla superficie terrestre. Sono giunti all'ipotesi che l'acqua abbia eliminato la materia minerale e quella salata per diverse centinaia di milioni di anni, formando così i mari. Dal mare, quasi spontaneamente, è sorto un organismo di vita.

L'evoluzione fu basata, originalmente, dall'ipotesi fatta da Charles Darwin durante il suo viaggio con il brigantino reale *H.M.S Beagle*, iniziato nel 1831 e conclusosi cinque anni dopo. Durante questa esperienza, a seguito di studi ed osservazioni approfondite, egli ritenne che tutti gli animali e le piante esistenti sulla terra si evolvessero, attraverso il tempo, a più alte forme di vita, da una determinata specie ad una diversa, e che l'uomo si fosse evoluto dalla scimmia.

Nel suo libro *L'Origine delle Specie*, Darwin presenta l'ipotesi che gli organismi viventi si sono sviluppati spontaneamente da materie esanimi. Ciò, non è un fatto certificato, ma solo una teoria provvisoria. Si può accettare il fatto che l'evoluzionismo si basi solamente su questo?

I Fossili negano l'evoluzione

Notiamo il ragionamento errato dell'evoluzione anche attraverso i fossili, cioè quelle sostanze lungamente sepolte in strati formatisi attraverso i rapidi movimenti della crosta terrestre. Si tratta soprattutto dei resti di organismi viventi del lontano passato, animali o piante preservati dalla stessa terra. Generalmente, si pensa che essi sostengano l'evidenza dell'evoluzione, ma in realtà non è così.

I fossili provano infatti che tutti gli organismi viventi furono creati ognuno secondo il proprio genere. Osservando quelli scoperti finora, si possono riscontrare delle chiare discrepanze tra le numerose specie ed è certo che non ne siano mai stati ritrovati di forme intermedie.

E' stato inoltre comprovato che i fossili secondo i quali si sostiene la teoria della provenienza umana dalla scimmia, appartengano ad esseri umani o a primati e che non siano quelli di animali intermedi.

Nel 1912 vicino a Piltdown, in Inghilterra, furono ritrovati un frammento di cranio e l'osso mascellare di un corpo umano. Gli esperti li catalogarono come reperti risalenti ad almeno cinquecentomila anni prima, appartenenti a forme intermedie di vita che dimostravano il processo graduale dell'evoluzione umana.

Era tutto fittizio, perché nel contempo accurati esami e ricerche, rivelarono che questi due ritrovamenti, erano invece un cranio umano ed una mascella di scimmia, risalenti a poche migliaia di anni prima e messi abilmente insieme. E' stato in seguito provato che una soluzione contenente ferro fu usata per macchiare quelle ossa "invecchiandole" oltremodo, al proposito di farle dichiarare più antiche di quanto non fossero in realtà ed essere così archiviate come reperti. Scienziati rinomati in tutto il mondo dimostrarono e smascherarono questa falsificazione spiegando che, qualcuno aveva fatto combaciare l'osso di scimmia con quello di uomo perché unite, fossero scambiate per quelle di un uomo-scimmia.

… ed anche gli evoluzionisti la smentiscono

Ad una conferenza internazionale sull'evoluzione tenuta a

Chicago, (USA) nel 1980, gli stessi colleghi di Darwin negarono la sua teoria a riguardo. Essi corressero in maniera estesa la loro scienza, ammettendo che non poteva esistere l'evoluzione da una specie ad un'altra.

L'evoluzionismo, oltre ad essere fallace, ha recato molto disagio all'umanità perché ha segnato il fondamento del comunismo e dell'ateismo. In Romani 1:25 leggiamo: *"Essi, che hanno cambiato la verità di Dio in menzogna e hanno adorato e servito la creatura, al posto del Creatore"*. Proprio come esprime questo verso, molti valori umani sono stati distorti tanto da negare il Dio Creatore.

Perciò il comunismo, basato sull'evoluzionismo materialistico e l'ateismo, ignorò la dignità dell'uomo riguardando alla vita umana come a qualcosa di effimero, conducendo un grande numero di persone al terrore, alla povertà ed alla morte.

Dio, Creatore

Oggi, c'è un numero infinito di libri in tutto il mondo, ma la Bibbia è l'unico che presenta i particolari e le risposte chiare alle domande sull'origine del tutto, dalla creazione dell'universo, all'inizio e fine della razza umana.

Da Genesi 1:1 apprendiamo che: *"Nel principio DIO creò i cieli e la terra"* ed in Ebrei 11:3 è scritto: *"Per fede intendiamo che l'universo è stato formato per mezzo della parola di Dio, sì che le cose che si vedono non vennero all'esistenza da cose apparenti"*.

Non tutto ciò che è visibile fu creato da cose già esistenti. La creazione avvenne dal "nulla" al comando di Dio.

L'uomo può creare da quello che è già stato creato, trasformando o combinando materiali a lui conosciuti per farne qualcos'altro, ma non c'è niente che possa realizzare dal nulla.

E' inimmaginabile che l'essere umano sia in grado di creare un organismo vivente: per quanto abbia sviluppato la tecnologia scientifica, tanto da arrivare all'intelligenza artificiale (A.I.), ai computer ed ai cloni animali, egli non può dare origine neanche un'ameba dal nulla.

L'assoluto Dio è in grado di dare vita a qualcosa dall'inesistente. Si possono, perciò, solo estrarre organismi viventi da quello che è stato da Lui creato, combinarli in vari modi, ma niente di più. Il Creatore, ad un Suo comando, ha dato vita all'universo e con esso, controlla la storia mondiale, la vita, la morte, le benedizioni e le maledizioni dell'umanità.

Evidenze per credere nel Dio Creatore

Ogni cosa — sia una casa, sia un tavolo che un'unghia — è stata progettata da qualcuno. E' quindi ovvio che anche per questo enorme universo vi sia stato un ingegnere capace, un proprietario che lo ha creato e ora lo governa, questo qualcuno è Dio, il Creatore di cui la Bibbia parla ripetutamente.

Quando ci guardiamo intorno, notiamo le abbondanti evidenze della creazione. Per un facile esempio, consideriamo l'enorme numero di persone che popolano la terra: senza porre attenzione alle differenze di razza, genere, posizione sociale e così via, tutti abbiamo due occhi, due orecchie, un naso con due narici ed una bocca.

Anche se ogni animale è diverso secondo la propria specie, le strutture facciali sono le stesse: un naso, due narici, due occhi, due orecchie, ed una bocca. Per esempio, è vero che l'elefante ha un naso molto lungo ma è pur sempre situato nel centro del suo muso e sopra la bocca, non sopra gli occhi, né sotto la bocca o sulla testa. Tutti gli uccelli nell'aria, tutti i pesci dell'oceano o dei fiumi, hanno la stessa struttura.

Non solo gli animali hanno la stessa struttura facciale, e, ad esempio, tutti i mammiferi hanno identici apparati di digestione e riproduzione. Allo stesso modo, tutti consumano cibo con la bocca e qualunque cosa entra per la bocca va nello stomaco e poi esce dal corpo. Tutti i mammiferi si accoppiano col sesso opposto e partoriscono i loro discendenti.

Quando mettiamo insieme questi ovvi fattori, è impossibile dire che sia una coincidenza o tanto meno un'evidenza dell'evoluzione dettata dalla "sopravvivenza del più forte". Niente di tutto ciò potrà mai essere spiegato dalla teoria darviniana.

Il fatto che esseri umani ed animali abbiano la stessa conformazione organica, è quindi un'evidenza sufficientemente atta a dimostrare che tutto è stato strutturato e disegnato da Dio Creatore. Se Egli non fosse l'unico Dio, ma uno fra i tanti, le creature avrebbero, tanto per fare un esempio, un diverso numero di organi, altre strutture fisiche e differenti posizioni, secondo la veduta del loro fautore.

Oltretutto, quando diamo uno sguardo più attento alla natura e all'universo, possiamo trovare ancora più prove della creazione in loro. E' meraviglioso sapere che tutte le cose nel sistema solare, come i movimenti di rivoluzione e rotazione della Terra, funzionano senza il minimo errore!

Guarda l'orologio che hai al polso: è composto da un gran numero di parti elaborate e non potrebbe funzionare se anche solo un frammento del suo meccanismo mancasse. Così è per questo universo, che fu progettato per operare sotto la provvidenza divina.

Per esempio, nessun uomo né alcuna forma di vita esisterebbe se la luna non girasse intorno alla terra; essa non poteva essere posizionata più lontano o più vicino alla terra di quanto non lo sia; Dio l'ha posta alla giusta distanza così che gli uomini potessero vivere sulla terra.

A motivo della sua posizione, la luna con la sua forza di gravità dà origine alle maree, che smuovono le acque dei mari purificandole. Similmente, tutti gli elementi nell'universo sono stati creati per muoversi accuratamente secondo la sapiente provvidenza dell'Eterno.

Perché alcuni non credono in Dio Creatore?

Alcune persone credono in Dio Creatore e vivono secondo la Sua Parola. Perché invece coloro che argomentano cercando risposte a tutto con e nella scienza, non Gli credono?

Se sei un cristiano fedele il quale fin dall'infanzia ha imparato che Egli è vivo ed è l'Eccelso Creatore, non ti è difficile credere in Lui.

Eppure, molti di noi negli anni adolescenziali, sono stati

influenzati dall'evoluzionismo acquisendo tanta "conoscenza", non necessariamente tutta vera, e si sono anche associati con coloro che non credono nell'Eterno o ne dubitano.

Dopo avere vissuto in un tale ambiente avresti dubbi, conflitti e non riusciresti nemmeno più a credere in Dio Creatore, anche se frequentassi una comunità ed ascoltassi la Parola di Dio, perché la conoscenza intellettuale contraddice quello che impari ed ascolti in una chiesa.

Finché non ti liberi dei pensieri o della conoscenza che hai appreso nel mondo, pur frequentando regolarmente una chiesa, non potrai avere la fede spirituale, quella generata di Dio, fede al di sopra di ogni dubbio.

Non puoi credere nel regno dei cieli o nell'inferno senza la fede spirituale, significherebbe considerare il mondo visibile come unico e vivere solo a modo tuo.

Quante volte hai sentito che teorie affermate ed accettate, successivamente sono state invertite o sostituite da altre più nuove ed efficaci? Anche se questo non è il caso, è vero però che i principi e le dichiarazioni convenzionali sono stati continuamente revisionati o completati nel tempo, grazie alla scoperta di ulteriori fattori.

Col passare del tempo e l'avanzare della scienza le persone realizzano migliori chiarimenti e sistemi, anche se non perfetti. Comunque, non direi, che le ricerche di molti scienziati siano del tutto errate.

Bisogna dare credito all'evidenza che vi sono ancora molte realtà oggettive sulla terra le quali non possono essere spiegate con la capacità umana.

Per esempio, considerando l'universo sappiamo che l'uomo non arriverà mai alle sue estremità e tanto meno risalirà ai tempi antichi; nonostante ciò, molti tentano di spiegare il cosmo sviluppando varie ipotesi e teorie.

Prima che l'uomo andasse sulla luna, si supponeva che sia in essa quanto in altre parti del sistema solare, oltre che sulla terra, vi fosse l'esistenza di organismi viventi. Eppure, dopo lo sbarco lunare si dichiarò "Non c'è vita sulla luna". Oggigiorno gli scienziati dicono che probabilmente su Marte c'è vita, o che vi sono tracce di acqua sul Pianeta Rosso.

Anche indagando per molto tempo ancora ed aumentando la propria conoscenza, se un individuo non conosce la volontà, la provvidenza e la potenza del divino Creatore, finirà con l'affrontare i limiti della capacità umana.

Romani 1:20 per questo dice: *"Infatti le sue qualità invisibili, la sua eterna potenza e divinità, essendo evidenti per mezzo delle sue opere fin dalla creazione del mondo, si vedono chiaramente, affinché siano inescusabili"*.

Chiunque apre il suo cuore e medita su tutto ciò, può sentire la potenza di Dio e la Sua natura divina attraverso la creazione — il sole, la luna, le stelle — insomma tutti gli elementi che ci permettono di riconoscere la Sua esistenza e credere in Lui.

Dio, Io Sono Colui che Sono

Sentendo parlare di Dio Creatore, molte persone si pongono

domande riguardo alla Sua esistenza prima che ogni cosa fosse, alla Sua provenienza, oppure, al Suo aspetto.

La conoscenza ed il pensiero umano non possono oltrepassare il limite che determina l'inizio e la fine di ogni essere, ecco perché esigiamo risposte chiare a tali domande. Comunque, oltre ogni comprensione umana, Dio esiste ed è "Colui che E', che ERA e che VERRA'".

Esodo 3, ritrae una scena nella quale l'Eterno comandò a Mosè di condurre gli israeliti nella terra di Canaan; da parte sua, Mosè Gli chiese cosa avrebbe dovuto loro rispondere se lo avessero interrogato riguardo al Suo nome.

E' qui che Dio dichiarò "Io sono COLUI CHE SONO" e gli comandò di dire "L'IO SONO mi manda a voi".

"IO SONO" è la frase che usò in riferimento a Se stesso e ciò significa che nessuno Lo partorì o Lo creò, perché Egli è l'essere perfetto, il Creatore stesso.

Nel principio Dio era Luce e Voce

"Nel principio era la Parola e la Parola era presso Dio, e la Parola era Dio." (Giovanni 1:1). Da questa dichiarazione si evince che Dio, nel principio era la Parola, vale a dire un essere già esistente perfettamente da solo, senza essere stato creato. Allora, come e dove esisteva?

Dio è Spirito, quindi Egli era in forma di Parola nella quarta dimensione, nel reame spirituale, e non nella terza dimensione, cioè quella visibile. Dio non esisteva in alcuna forma se non quella di luce profonda e meravigliosa e di voce, un suono puro e limpido. Così Egli dominava sull'universo intero.

In 1° Giovanni 1:5 leggiamo: *"Or questo è il messaggio che abbiamo udito da lui, e che vi annunziamo: Dio è luce e in lui non vi è tenebra alcuna"*. Quanto scritto, ha significato spirituale ed è un'espressione della caratteristica di ciò che Dio era nel principio: Egli era luce.

Questa luce conteneva in sé un suono: la Sua voce, pura, dolce, soave, che risuonava in tutto l'universo; coloro che hanno sentito personalmente la voce di Dio possono capire ciò di cui parlo.

Ad un certo punto il Dio IO SONO ha preso la forma della Trinità per allevarsi dei veri figli, con i quali condividere il Suo amore. C'era bisogno che il Figlio adempisse la missione di Redentore e lo Spirito Santo quella di Aiutante.

Dio era da solo prima della Fondazione dei Tempi

Apocalisse 22:13 nel quale leggiamo: *"Io sono l'Alfa e l'Omega, il principio e la fine, il primo e l'ultimo"*, menziona Dio come Padre, Figlio e Spirito Santo.

L'Eterno si è "diviso" in Dio Padre, cioè l'Alfa e l'Omega di ogni conoscenza umana e civiltà, Dio Figlio cioè il Primo e l'Ultimo per la salvezza dell'uomo e Dio Spirito Santo che è l'Inizio e la Fine della coltivazione umana. Ogni componente della Trinità ha assunto la Sua propria immagine per guadagnare dei veri figli spirituali.

Genesi 1:26 mostra chiaramente quale sia l'immagine della

Trinità, la stessa, cioè, di quando Dio creò i cieli e la terra: *"Poi DIO disse: «Facciamo l'uomo a nostra immagine e a nostra somiglianza, ed abbia dominio sui pesci del mare, sugli uccelli del cielo, sul bestiame e su tutta la terra, e su tutti i rettili che strisciano sulla terra»"*.

Dio, il Creatore che esisteva prima della fondazione dei tempi, progettò di allevare i Suoi veri figli spirituali e così fece. Con una piena comprensione di Dio come l'IO SONO, riuscirai a demolire il tuo proprio modo di pensare, ogni teoria e stereotipo, accettando ulteriormente l'opera della creazione provveduta da Dio.

Diversamente dalle cose create da Lui, quelle concepite e realizzate umanamente, sono sicuramente migliorate nel tempo, ma hanno ancora molti limiti e difetti nonostante la nostra conoscenza e la nostra civiltà siano in continuo avanzamento.

Alcuni fanno idoli in oro, argento, bronzo e altri metalli; li chiamano "dei" di fronte ai quali s'inchinano e pregano per ricevere benedizione; eppure non sono altro che legno, metallo o pietre, incapaci di respirare, parlare e aprire gli occhi (Abacuc 2:18-19).

Nonostante le persone si proclamino sagge, non riescono a discernere davvero la verità dalla falsità. Fabbricano così delle immagini, chiamandole "dei", per adorarle (Romani 1:22-25). Quanto è sciocco e vergognoso tutto questo!

Se le persone hanno adorato e servito idoli futili perché non erano a conoscenza di Dio, adesso dovrebbero veramente pentirsene ed onorare l'Eterno IO SONO, eseguendo i propri doveri come Suoi figli.

Dio, Onnisciente e Onnipotente

Dio, il Creatore che fece l'intero universo, è l'essere perfetto che esisteva prima della fondazione dei tempi ed è onnisciente ed onnipotente. La Bibbia registra numerosi prodigi e miracoli che non possono essere compiuti da potere e conoscenza umana.

Queste autorevoli opere del Dio onnisciente ed onnipotente, lo stesso di ieri e di oggi, ebbero luogo durante tutti e due i periodi biblici, sia del Vecchio Testamento quanto del Nuovo, attraverso molti uomini che avevano la potenza divina.

Questo perché le persone non credono a meno che non vedano le opere dell'Eccelso Dio, proprio come dichiara Gesù in Giovanni 4:48 con queste parole: *"Se non vedete segni e miracoli, voi non credete"*.

Dio mostra segni e miracoli meravigliosi

Il libro di Esodo registra dettagliatamente i miracoli ed i segni meravigliosi che l'onnisciente e onnipotente Dio compì attraverso Mosè, mentre guidava gli israeliti fuori dall'Egitto verso la terra di Canaan.

Per esempio, quando l'Eterno inviò il Suo servitore dal Faraone, il re d'Egitto, colpì la nazione e lo stesso Faraone con le dieci piaghe; fece poi camminare gli israeliti sulla terra asciutta dividendo il Mar Rosso e sterminando l'esercito egiziano, ormai terrificato, nella furiosa corrente delle acque.

Anche dopo l'Esodo miracoli e segni continuarono: da una pietra colpita da Mosè col suo bastone, uscì dell'acqua; un'acqua amara fu trasformata in dolce e scese dal cielo la manna, così milioni di persone continuarono a vivere senza alcuna preoccupazione per il cibo.

Proseguendo nel Vecchio Testamento, troviamo Dio che dona la Sua potenza ad Elia per profetizzare tre anni e mezzo di siccità, far tornare la pioggia attraverso la sua preghiera e risorgere i morti.

Nel Nuovo Testamento vediamo Gesù, il Figlio di Dio, risuscitare Lazzaro morto da quattro giorni, aprire gli occhi dei ciechi, guarire molte persone da varie malattie e infermità, cacciare spiriti malvagi, camminare sull'acqua e calmare vento e onde.

L'Eterno ha compiuto miracoli straordinari attraverso l'apostolo Paolo, tanto che i fazzoletti ed i grembiuli che lui toccava erano portati agli ammalati ed essi venivano guariti dalle proprie malattie e liberati dagli spiriti malvagi (Atti 19:11-12). Numerosi segni accompagnarono Pietro, uno dei migliori discepoli di Gesù. Le persone portavano gli ammalati nelle strade, mettendoli su lettini e stuoie, con la speranza che anche la sola ombra dell'apostolo, mentre egli passava, potesse posarsi su alcuni di loro e guarirli (Atti 5:15).

Dio fece inoltre cose straordinarie e mostrò segni attraverso Stefano e Filippo, lo leggiamo sempre nella Bibbia ed ancora oggi continua a mostrarli attraverso la chiesa.

Nella nostra chiesa molte malattie incurabili come cancro, tubercolosi, leucemia ed AIDS, sono state guarite; ci sono state resurrezioni di morti e gli zoppi si sono alzati, camminando e correndo.

Ma c'è di più: Dio ha compiuto prodigi meravigliosi anche quando, pregando al telefono e dando fazzoletti sui quali io ho pregato, molte persone ammalate sono state guarite, macchine rotte sono state riparate e desideri del cuore sono stati adempiuti.

Perciò, chiunque crede in questo Eccelso Dio e prega secondo la Sua volontà può avere la risposta a qualsiasi cosa stia chiedendo in preghiera.

Dio, Autore della Bibbia

Egli è Spirito e quindi invisibile eppure, si è sempre mostrato in molti differenti maniere. Generalmente, si rivela attraverso la natura e in particolare attraverso le testimonianze di persone guarite che hanno ricevuto le Sue risposte; e naturalmente, si rivela nei minimi particolari attraverso la Bibbia.

Per essa, si può conoscere il vero ed unico Dio, incontrarlo, arrivare alla salvezza ed alla vita eterna, realizzando la Sua opera; puoi vivere inoltre, una vita di successo e glorificarlo attraverso la comprensione del Suo cuore, intendere come amarlo e come essere amati da Lui (2° Timoteo 3:15-17).

Le Scritture sono la voce di Dio

In 2° Pietro 1:21 è scritto che: *"Nessuna profezia infatti è mai proceduta da volontà d'uomo, ma i santi uomini di Dio hanno parlato, perché spinti dallo Spirito Santo"* e 2° Timoteo 3:16 pronuncia: *"Tutta la Scrittura è divinamente ispirata e utile a insegnare, a convincere, a correggere e a istruire nella giustizia"*. Significa che la Bibbia, dalla Genesi all'Apocalisse, è la Parola di Dio e come tale, è stata scritta solo dalla Sua volontà.

Per questo vi troviamo molte frasi del tipo "Così dice il Signore; l'Eterno dice; Dio disse", che la confermano come Parola di Dio e non di uomo.

La Sacra Scrittura ha sessantasei libri, di cui trentanove formano il Vecchio Testamento e gli altri ventisette il Nuovo Testamento, 34 sono stati gli scrittori che presero parte alla sua stesura. Il periodo in cui fu composta si estende dal 1500 a.C. al 100 A.D., approssimativamente 1600 anni. La cosa meravigliosa è che, per quanto scritta da molti autori diversi, la Bibbia nella sua interezza è completamente coerente dall'inizio alla fine ed ogni suo verso è conferma degli altri.

In Isaia 34:16 leggiamo: *"Cercate nel libro dell'Eterno e leggete: nessuno di essi mancherà, nessuno sarà privo del suo compagno, perché la sua bocca l'ha comandato e il suo Spirito li ha radunati"*.

Questo è potuto succedere perché lo scrittore originale della Bibbia é Dio, e lo Spirito Santo che regnava sui cuori degli scrittori, ha messo insieme le parole. Quello che dovresti tenere a mente è che gli autori della Bibbia sono solo scrivani per Dio, in quanto l'autore originale della Sua Parola è Lui stesso.

Un esempio: pensiamo ad una madre anziana che vive in una zona rurale; anche se analfabeta, detta una lettera al figlio maggiore indirizzata a quello più giovane, che si trova in città per studiare. Il pensiero di quest'ultimo, ricevendola, è che sua madre gli ha scritto, sebbene l'atto pratico sia stato effettuato dal fratello per conto di lei. La stessa cosa vale per la Bibbia.

La lettera d'amore di Dio, piena di benedizioni e promesse

La Bibbia fu scritta da servitori del Signore ripieni di Spirito, perché tu possa credere nell'Iddio fedele e giusto, rivelato proprio attraverso di essa.

La Parola di Dio è spirito e vita (Giovanni 6:63); chiunque l'ascolta, rispetta, osserva e crede in essa, guadagna la vita eterna con la sua anima, riceve esistenza abbondantemente prospera e sarà un perfetto figlio del Padre Celeste, che prosegue l'opera di Gesù Cristo.

Dio venne sulla terra in carne per mostrarsi all'umanità e quella carne era Gesù. Filippo, un Suo discepolo, ignorando questa verità, Gli chiese di mostrargli Suo Padre. Aveva difficoltà a comprendere che Gesù stesso fosse Dio incarnato, come dice un proverbio "il raggio (di luce) non risplende alla sua fonte".

Giovanni 14:8-10 presenta il dialogo avvenuto tra loro:

> *"Filippo gli disse: «Signore, mostraci il Padre e ci basta». Gesù gli disse: «Da tanto tempo io sono con voi e tu non mi hai ancora conosciuto, Filippo? Chi ha visto me, ha visto il Padre; come mai dici: "Mostraci il Padre?". Non credi che io sono nel Padre e che il Padre è in me? Le parole che io vi dico, non le dico da me stesso. Il Padre che dimora in me è colui che fa le*

opere»".

Gesù con tutti i miracoli compiuti (che sarebbero stati impossibili senza la potenza divina), diede convincente evidenza che Egli e Dio erano uno; ciononostante, Filippo voleva che il Figlio gli presentasse il Padre. Da qui, la risposta del Maestro di credere nei Suoi insegnamenti con l'evidenza dei miracoli che li seguivano.

L'Eterno si manifestò a questo mondo in carne per mostrare Se stesso e permise la stesura della Bibbia, perché altrimenti, sarebbe stato impossibile per noi vederLo con gli occhi umani.

Ottieni quindi le benedizioni e le risposte che in essa sono promesse, coltivando un'amicizia preziosa con Lui, conoscendo più profondamente la volontà e la provvidenza divina, sempre in osservanza alla Sua Parola.

Ogni Parola della Bibbia è vera

Archivi storici ci permettono di avere conoscenza delle persone o degli eventi di uno specifico periodo del passato. La storia è il testimone dei cambiamenti del tempo e ci fa conoscere nel dettaglio, nozioni, popoli e condizioni di vita specifiche di un periodo.

La storia dell'umanità prova che la Bibbia è verace: ti ritrovi ad osservarla come un libro storico e realistico, dando uno sguardo accurato ad avvenimenti, luoghi, usi e costumi culturali in essa riportati.

Il Vecchio Testamento è stato scritto sulle basi di fatti obiettivi, come testimonianze informative più o meno importanti riguardo a ciò che è accaduto ad individui, popoli o gruppi di persone fin dai tempi di Adamo ed Eva. Israele, in base a ciò, ha considerato il Vecchio Patto un Documento sacro e storico, come eredità della nazione fino al giorno d'oggi. Molti storici danno credito alla Bibbia come a fonte decisamente attendibile.

La Storia prova la veridicità della Bibbia

Prima di tutto, su basi bibliche, vorrei condividere la storia di Israele con voi e dimostrare che la Parola di Dio nella Bibbia è vera.

Adamo, l'antenato di ogni essere umano, ha peccato contro Dio ed i suoi discendenti, cioè tutta l'umanità dopo di lui, ha camminato nel peccato vivendo senza conoscere l'Eterno. Solo più avanti nella storia il Signore scelse una nazione per rivelare la Sua volontà e provvidenza attraverso di essa.

Prima di tutto chiamò Abramo, il cui cuore era un ottimo terreno, lo raffinò e stabilì come padre della fede. Abramo fu il padre di Isacco, il quale fu padre di Giacobbe, chiamato da Dio "Israele", il quale pose i suoi dodici figli a capo delle dodici tribù.

L'Eterno guidò Giacobbe, ormai anziano, a trasferirsi in Egitto e gli permise di costituire una nazione incrementando numericamente i suoi discendenti che alla fine, condusse nella terra di Canaan.

Diede poi a Mosè la Legge durante il suo soggiorno nel

deserto, addestrò gli israeliti per vivere secondo la Sua Parola e li guidò solamente attraverso di essa.

Una volta nella terra di Canaan, la prosperità del popolo crebbe in relazione all'obbedienza che aveva per la Legge. Al servizio di idoli stranieri commettendo ciò che è male, purtroppo il potere nazionale d'Israele declinò e fu sottoposto ad invasioni nemiche per le quali soffrì prigionia e schiavitù. A seguito di ogni pentimento sincero, la nazione era ripristinata. Questo ciclo di eventi si ripeté nei secoli.

Dio mostra a tutti gli esseri umani, attraverso la storia d'Israele, che Egli è vivo e governa ogni cosa per mezzo della Sua Parola.

Si può anche osservare che le profezie nella Bibbia sono già state adempiute o si stanno adempiendo. Per esempio, in Luca 19:43-44 Gesù si riferiva alla caduta di Gerusalemme quando disse:

> *"Poiché verranno sopra di te dei giorni in cui i tuoi nemici ti circonderanno di trincee, ti accerchieranno e ti assedieranno da ogni parte. E abbatteranno te e i tuoi figli dentro di te; e non lasceranno in te pietra su pietra perché tu non hai riconosciuto il tempo in cui sei stata visitata".*

In questi versi, Gesù si riferiva a come la città di Gerusalemme sarebbe stata distrutta a motivo della crescente iniquità del popolo. Questo si adempié nel 70 A.D., quando Tito, generale dell'Impero Romano, fece insorgere i suoi uomini contro

Gerusalemme circondandola ed uccidendo molte persone dentro le mura. Questo accadde solo 40 anni dopo la profezia di Gesù.

In Matteo 24:32 leggiamo una lezione del Maestro: *"Ora imparate dal fico questa similitudine: quando ormai i suoi rami s'inteneriscono e le fronde germogliano, sapete che l'estate è vicina"*. L'albero del fico simboleggia la nazione d'Israele che, secondo l'insegnamento di questa parabola, sarebbe divenuto indipendente nel periodo di tempo precedente alla seconda venuta di Gesù. La storia testimonia che questa Parola si realizzò quando Israele, dopo essere caduto nel 70 A.D., fu ristabilito miracolosamente come nazione il 14 maggio del 1948, vale a dire 1900 anni dopo la sua distruzione.

La profezia del Vecchio Testamento ed il suo adempimento nel Nuovo Testamento

Io testimonio che la Parola di Dio nella Bibbia è veritiera, provando l'adempimento della profezia del Vecchio Testamento durante alcuni periodi del Nuovo.

La Legge del Vecchio Patto non era il metodo perfetto per "ottenere veri figli di Dio", ma soltanto l'ombra della dimostrazione di Dio. Ecco perché aveva promesso la venuta del Messia attraverso questi scritti. Al tempo stabilito, Egli mandò Gesù Cristo in questo mondo per mantenere la Sua promessa e fu approssimativamente duemila anni fa. La storia occidentale è ampiamente divisa in due parti, determinate dalla nascita di Gesù: "Avanti Cristo" (a.C.), cioè il tempo precedente la Sua venuta, e "Anno Domini" (A.D.), intendendo "nell'anno del nostro Signore". La storia stessa attesta la nascita di Gesù.

Guardiamo innanzi tutto Genesi 3:15 che dice:

> *"E io porrò inimicizia fra te e la donna e fra il tuo seme e il seme di lei; esso ti schiaccerà il capo, e tu ferirai il suo calcagno".*

Il verso profetizza che il nostro Salvatore, discendente da una donna, sarebbe venuto a distruggere l'autorità della morte. La parola "donna", in questo passaggio rappresenta Israele: Gesù venne al mondo come il figlio di Giuseppe, che apparteneva alla tribù di Giuda d'Israele (Luca 1:26-32).

Isaia 7:14 rilascia questa dichiarazione: *"Perciò il Signore stesso vi darà un segno: Ecco, la vergine concepirà e darà alla luce un figlio e gli porrà nome Emmanuele".*

Questo implica il fatto che il Figlio di Dio, proprio perché concepito attraverso lo Spirito Santo, sarebbe stato inviato per espiare i peccati della razza umana. Ed effettivamente, Gesù nacque della Vergine Maria per mezzo dello Spirito Santo (Matteo 1:18-25).

Fu anche profetizzato di Gesù, che sarebbe nato nella regione di Betlemme, ed in Michea 5:2 infatti leggiamo:

> *"Ma tu, o Betlemme Efratah, anche se sei piccola fra le migliaia di Giuda, da te uscirà per me colui che sarà dominatore in Israele, le cui origini sono dai tempi antichi, dai giorni eterni".*

Adempiendo questa Parola, Gesù nacque a Betlemme, in Giuda, durante il tempo di re Erode. Anche la storia lo afferma.

La strage di molti bambini innocenti per mano di re Erode nel periodo della nascita di Gesù (Geremia 31:15; Matteo 2:16), il Suo ingresso a Gerusalemme (Zaccaria 9:9; Matteo 21:1-11), e la Sua ascesa al cielo (Salmo 16:10; Atti 1:9), furono eventi profetizzati e di conseguenza, adempiuti.

Inoltre, anche il tradimento di Giuda Iscariota, che seguiva Gesù da 3 anni (Salmo 41:9) ed il prezzo del suo tradimento di trenta denari d'argento (Zaccaria 11:12) furono eventi anticipati profeticamente ed adempiuti.

A questo punto puoi davvero credere che la Bibbia sia vera e certa Parola di Dio, soprattutto notando come ogni profezia del Vecchio Testamento fu mandata a effetto con la massima precisione nel Nuovo.

Profezie della Bibbia ancora da adempiersi

Dio fece di Gesù Cristo il nostro Salvatore, adempiendo tutte le rivelazioni del Vecchio Testamento nei tempi del Nuovo. Ogni singola parte delle profezie sul Figlio di Dio, il percorso della storia d'Israele e dell'umanità, fu portata a termine senza il minimo errore. Un esame storico accurato ci conduce a comprendere che tutte le parole premonitrici nella Bibbia sono divenute realtà e continueranno ad avverarsi.

I profeti biblici, tanto nel Vecchio quanto nel Nuovo Testamento, parlarono in nome di Dio riguardo al progresso ed alla caduta del potere mondiale, alla distruzione ed alla ricostruzione di Gerusalemme, agli affari futuri di persone rilevanti. Molte profezie della Bibbia sono già state compiute o hanno il loro adempimento in corso ed in futuro si realizzeranno la Seconda Venuta di Gesù, il Rapimento, il Regno del Millennio ed il Giudizio del Grande Trono Bianco. Il nostro Dio adesso sta preparando il tuo posto, come Egli stesso ha promesso (Giovanni 14:2), e presto ti condurrà in un luogo eterno.

Il nostro mondo ora sta patendo carestie, terremoti, clima anormale ed incidenti colossali. Tutto questo forse è considerato da te una coincidenza, ma al contrario, dovrebbe farti intendere che la seconda Venuta di Gesù è vicina (Matteo 24:3-14). Dovresti raggiungere la salvezza completa rimanendo sveglio e adornandoti come una sposa.

Capitolo 2

DIO CREA E COLTIVA L'UOMO

- La Via per la Salvezza dell'Uomo
- Dio crea gli Esseri Umani
- Perché Dio coltiva gli Esseri Umani?
- Dio separa il Grano dalla Paglia

"Così DIO creò l'uomo a sua immagine; lo creò a immagine di DIO; li creò maschio e femmina. E DIO li benedisse e DIO disse loro «Siate fruttiferi e moltiplicatevi, riempite la terra e soggiogatela, e dominate sui pesci del mare, sugli uccelli del cielo e sopra ogni essere vivente che si muove sulla terra."

Genesi 1:27-28

Almeno una volta nella vita ti sarai posto delle domande fondamentali, come quelle concernenti l'origine, la destinazione, lo scopo, il significato della vita, e avrai cercato di ottenere delle risposte. Molte persone provano vari metodi nel tentativo di risolvere queste problematiche, ma ciò non basta per ottenere le risposte esaurienti e fedeli al punto originale della questione.

Anche i saggi famosi in tutto il mondo, come Confucio, Buddha o Socrate, si sforzarono di ottenere le risposte fondamentali: Confucio si concentrò sulla moralità, sottolineando il fatto che questa perfetta virtù è considerata un ideale etico e con questa ideologia suscitò molti discepoli; Buddha praticò molto a lungo la penitenza per essere liberato dall'esistenza mondana; Socrate, intraprese a modo suo la ricerca della verità, inseguendo la vera conoscenza.

Nessuno di loro, comunque, trovò una soluzione permanente o fondamentale e nemmeno raggiunse la verità genuina o la vita eterna. Questo perché la verità nascosta prima della creazione del mondo è qualcosa di spirituale, invisibile ed intangibile. Non puoi trovare risposte chiare sulla vita finché non capisci la provvidenza di Dio, il Creatore, verso l'umanità.

La Via per la Salvezza dell'Uomo

Dio Creatore, Gesù Cristo, la radice delle anime nostre, la vita dopo la morte, l'unico scopo della vita e la via per ottenere la vita eterna, sono temi chiaramente spiegati nella Bibbia, il libro in cui è trascritta la Parola del Dio Vivente. Il messaggio della salvezza attraverso la croce di Gesù Cristo è il segreto divino, nascosto dall'eternità, che contiene in sé l'amore e la giustizia dell'Eterno.

La Via della salvezza attraverso Gesù Cristo

Il cristianesimo è spesso chiamato "la religione della croce": sai cosa vuole dire questo e perché anche i governatori di alcune nazioni si inchinano di fronte ad essa? Qual è il segreto per cui le persone sono perdonate dai loro numerosi peccati attraverso la fede ricevendo salvezza e vita eterna?

Un grande numero di cristiani pensano di conoscere bene Gesù Cristo ed il significato della croce; se facessi questa domanda, la maggior parte dei credenti, inclusi coloro che Lo hanno conosciuto da breve tempo, risponderebbe così: "Circa duemila anni fa Gesù, il Figlio di Dio, venne al mondo in un corpo umano e fu crocifisso per espiare i nostri peccati. Il terzo giorno risorse dalla morte e divenne il nostro Salvatore. Quindi, chiunque crede in Gesù Cristo può essere salvato e andare nel Regno dei cieli".

Comunque, devi sapere che una mera conoscenza di tutto

questo non può portarti alla salvezza. In Giacomo 2:19 la Scrittura ti rammenta che: *"Tu credi che c'è un solo Dio. Fai bene; anche i demoni credono e tremano"*. Il nostro stesso nemico, il diavolo e tutti i demoni, conoscono e credono in Dio, ma non potranno mai essere salvati.

C'è una ragione per cui Egli dice che sapere e credere unicamente con la semplice conoscenza umana è una cosa, ma capire e credere con tutto il tuo cuore è assolutamente qualcosa di molto più profondo.

"Poiché se confessi con la tua bocca il Signore Gesù, e credi nel tuo cuore che Dio lo ha risuscitato dai morti, sarai salvato. Col cuore infatti si crede per ottenere giustizia e con la bocca si fa confessione, per ottenere salvezza". (Romani 10:9-10).

Facciamo un esempio considerando un'arancia: potrai facilmente riconoscere questo frutto perché ti è familiare; ma se chiedessi: "Che benefici può dare questo frutto al corpo umano?", allora solamente alcune persone potrebbero rispondermi. Anche avendo sentito ed appreso informazioni a riguardo, se non sei un esperto in questo campo sarà molto difficile ricordare e presentare una spiegazione dettagliata.

Inoltre, come fai a conoscere completamente le proprietà delle arance? Dovresti imparare dagli esperti e poi tenere bene a mente le nozioni apprese. E' comunque inutile conoscere solamente; infatti, queste informazioni ti saranno davvero utili nel momento in cui sbuccerai l'arancia per mangiarla: quando la assapori, solo allora, potrà cominciare a nutrire il sangue ed il corpo.

Allo stesso modo una semplice conoscenza di Dio è inutile, se poi non impari la Sua amministrazione e la Sua provvidenza dimostrata con la croce, e non comprendi chiaramente l'amore e la grazia del Signore per te.

Credere con il cuore e confessare con la bocca

Se capisci il messaggio della croce e nel tuo cuore nutri amore sincero per il Signore, potrai avere la fede vera e condurre una vita cristiana genuina che ti guiderà a quella eterna. In caso contrario, però, potrai anche frequentare una chiesa per dieci o venti anni, ma probabilmente continuerai a peccare conformandoti a questo mondo senza aver ricevuto la salvezza.

Prima di incontrare il Signore, io ero ateo ed insistevo sul fatto che non ci fosse nessun Dio, nessuno demone, nessun paradiso e nessun inferno. Avevo appreso l'ateismo a scuola, dunque presumevo che queste asserzioni fossero corrette e pensavo addirittura che gli altri mi avrebbero reputato una persona sofisticata per questo.

Eppure, sapevo nel mio cuore che non era vero: non riuscivo a negare l'esistenza della vita dopo la morte ed avevo paura di andare all'inferno.

Successe poi che fui colpito duramente da varie malattie, tanto da ritrovarmi ad un passo dalla morte: quando incontrai l'Iddio vivente, Egli mi guarì all'istante da tutte le infermità e compresi chiaramente l'amore del Padre nascosto nella croce.

Successivamente sono stato chiamato ad essere ministro del Signore ed ora testimonio della potenza del nostro Signore Gesù Cristo conducendo numerose anime sulla via della salvezza. Se riesci a capire pienamente il grande amore di Dio e la Sua provvidenza giunta all'uomo con la salvezza, potrai guadagnare la vita eterna, il diritto di andare in cielo e diventerai un vero testimone del Vangelo di Gesù Cristo. E' necessario, però, che tu comprenda perché Dio ha creato l'uomo e continui a curarlo, così puoi realizzare pienamente il significato ed il vero scopo della tua vita.

Dio crea gli Esseri Umani

La misteriosa formazione di organi, cellule e tessuti del corpo umano è incommensurabile. Colui che ha creato l'uomo in questa maniera, vuole avere dei veri figli con i quali condividere il Suo amore per sempre. Questo è lo scopo per cui ha generato l'uomo a Sua immagine e somiglianza, si è preso cura di lui ed ha preparato il paradiso.

Come ha fatto Dio, allora, a creare tutte le cose nell'universo ed a formare l'uomo?

I sei Giorni della Creazione di Dio

Genesi capitolo 1 descrive bene il processo attraverso il quale l'Eterno creò i cieli e la terra in sei giorni. Egli enunciò: "Sia la luce" e la luce fu; poi aggiunse: "Che le acque che sono sotto il cielo siano raccolte in un unico luogo, e appaia l'asciutto" e così fu; noi sappiamo che proseguì in questo modo.

In Ebrei 11:3 leggiamo questa dichiarazione: *"Per fede intendiamo che l'universo è stato formato per mezzo della parola di Dio, sì che le cose che si vedono non vennero all'esistenza da cose apparenti"*. Dio creò l'universo intero attraverso la Sua Parola.

Creò la luce nel primo giorno; la distesa del cielo nel secondo giorno; nel terzo, fece raggruppare l'acqua sotto il cielo in un luogo unico chiamando la distesa asciutta "terra" e le acque raggruppate "mare". Fece in modo che la terra producesse la vegetazione: piante che fanno semi ed alberi che producono frutti con semi. Nel quarto giorno creò il sole, la luna e le stelle nella distesa del cielo, lasciando che il sole governasse il giorno e la luna la notte. Nel quinto giorno diede vita alle creature del mare, ogni cosa vivente che si muove di cui abbonda l'acqua secondo il proprio genere, ed ogni uccello alato secondo il suo genere. Nel sesto giorno creò il bestiame, le creature terrestri e gli animali selvatici, ognuno secondo il suo genere.

L'uomo creato ad immagine di Dio

Nell'arco di sei giorni il Dio Creatore ha preparato un ambiente nel quale gli essere umani avrebbero potuto vivere; poi creò l'uomo a Sua immagine, lo benedisse nominandolo signore su tutte le creature e gli disse di assoggettarle e dominare su loro.

"Così DIO creò l'uomo a sua immagine; lo creò a immagine di DIO; li creò maschio e femmina. E DIO li benedisse e DIO disse loro: «Siate fruttiferi e moltiplicatevi, riempite la terra e soggiogatela, e dominate sui pesci del mare, sugli uccelli del cielo e sopra ogni essere vivente che si muove sulla terra»." (Genesi 1:27-28).

Come ha fatto Dio a creare l'uomo?

"Allora l'Eterno Dio formò l'uomo dalla polvere della terra, gli soffiò nelle narici un alito di vita, e l'uomo divenne un essere vivente". (Genesi 2:7).

In questo verso, la polvere si riferisce a creta o argilla. Un abile vasaio, usando creta di qualità, realizza della porcellana fine o bianca di valore inestimabile; al contrario, altri artigiani fanno ceramiche di poco conto, tegole o mattoni.

Il valore di un pezzo in fine porcellana, dipende principalmente da chi lo produce e dalla sua abilità, da come è configurato, dal tipo di creta utilizzato e dallo stile a cui appartiene il pezzo. Dal momento che l'Eccelso Dio, il Creatore, formò l'uomo dalla polvere a Sua immagine, quanto meravigliosa poteva essere quest'opera?

Egli soffiò poi nelle sue narici l'alito di vita, ovvero forza, potenza, energia vitale e spirito divino e così l'uomo divenne uno spirito vivente.

Dio soffia l'alito di vita nell'uomo

Se pensiamo al procedimento che fa illuminare una lampadina, sarà più facile capire il processo attraverso il quale l'uomo è stato creato come uno spirito vivente. Se si vuole far funzionare una lampadina, prima di tutto bisogna fabbricarla e poi collegarla alla corrente elettrica, e comunque, non potrà mai illuminare finché non si preme l'interruttore della corrente.

Anche la televisione funziona allo stesso modo: solo se è accesa si possono vedere le svariate immagini e sentire i diversi suoni. Possiamo visualizzare sullo schermo ciò che desideriamo semplicemente ad accensione avvenuta e tutto succede perché la parte posteriore di questo apparecchio contiene dei componenti elettronici elaborati e sofisticati, assemblati insieme in maniera alquanto complicata, atti al suo buon funzionamento.

Similmente, Dio non formò soltanto l'aspetto esteriore dell'uomo con la polvere della terra, ma anche i suoi organi interni e le ossa; compose le vene, attraverso le quali fluisce il sangue, ed il sistema nervoso, in grado di adempiere perfettamente le sue funzioni...

La potenza di Dio può cambiare la polvere in morbida pelle se o quando Egli vuole. Così soffiando l'alito di vita nell'uomo, immediatamente il sangue inizia a scorrere ed egli ora respira e si muove, esattamente come quando noi permettiamo al flusso elettrico di scorrere.

Inoltre, a motivo delle unità di memoria e delle cellule cerebrali formate da Dio, l'individuo può memorizzare quello che percepisce e sente attraverso il cervello; le informazioni memorizzate diventano conoscenza e la conoscenza viene riprodotta in pensieri. L'utilizzo della conoscenza immagazzinata nella vita è chiamato saggezza.

Gli esseri umani, sebbene semplici creature, hanno accresciuto la propria saggezza e conoscenza, sviluppando una civiltà scientifica ed elaborata. Sono arrivati ad esplorare l'universo, e proprio come Dio ha creato le unità della memoria nelle cellule cerebrali, possono ideare e realizzare sofisticatissimi computer, nei quali inserire migliaia di informazioni da essere poi riprodotte, traendo enorme beneficio da essi. L'uomo è arrivato così lontano da concepire la cosiddetta intelligenza artificiale, in grado di riconoscere lettere o voce di un individuo e di comunicare con altri; col passare del tempo, l'uomo prosegue la sua corsa sfrenata allo sviluppo ed all'ampliamento di se stesso, ogni giorno di più.

Di fronte a tutto questo, quanto più facile sarà stato per l'Eccelso, il Creatore, formare l'uomo dalla polvere della terra e soffiare in lui l'alito di vita per farne un essere vivente! E' così tanto fattibile per il nostro Dio, che può creare qualunque cosa dal nulla, quanto così meraviglioso ed imperscrutabile è per l'uomo (Salmo 139:13-14).

Perché Dio coltiva gli Esseri Umani?

Gesù ci dà lezioni sulla divina provvidenza attraverso i semplici esempi delle parabole, perché il reame spirituale non può essere assimilato solo con la conoscenza umana.

Molte delle parabole avevano a che fare con l'agricoltura: per esempio la parabola del seminatore (Matteo 13:3-23; Marco 4:3-20; Luca 8:4-15), la parabola del granello di senape (Matteo 13:31-32; Marco 4:30-32; Luca 13:18-19), la parabola delle zizzanie nel campo (Matteo 13:24-30, 36-43), la parabola degli operai dell'ultima ora (Matteo 20:1-16) e la parabola dei malvagi vignaioli (Matteo 21:33-41; Marco 12:1-9; Luca 20:9-16).

Questi racconti ci mostrano che, così come i coltivatori lavorano la terra, piantano i semi, li coltivano e mietono il raccolto, Dio forma e coltiva gli esseri umani sulla terra e separerà il grano dalla zizzania.

Dio desidera: condividere vero amore con i suoi figli

Dio ha in Sé divinità ed umanità. La prima è il Suo potere onnisciente ed onnipotente, il Creatore stesso, e la seconda, è la mente dell'uomo. Così Dio ha creato, regna e domina tutto l'universo, la storia dell'umanità e la vita.

La Bibbia ci mostra molte volte che Dio ha una personalità come quella degli esseri umani: prova i nostri stessi sentimenti, come gioia, ira, dolore, piacere e vuole condividere amore con i Suoi figli; si allieta e benedice gli uomini quando questi, creati a Sua immagine, fanno ciò che è giusto, ma anche si lamenta e geme incollerito quando essi commettono peccati. Il desiderio del Signore di comunicare con i Suoi figli e donar loro ciò che è buono, è spesso espresso nella Parola di Dio.

Se Dio avesse posseduto solo caratteristiche divine, non

avrebbe avuto bisogno di riposarsi dopo i sei giorni impegnati nella creazione dell'universo e non avrebbe nemmeno desiderato stabilire comunione con noi, come leggiamo nei seguenti versi: *"Non cessate mai di pregare"* (1° Tessalonicesi 5:17); *"Invocami e io ti risponderò, e ti annunzierò cose grandi e impenetrabili che tu non conosci."* (Geremia 33:3).

Qualche volta ti piace stare da solo, ma altre volte sei più felice con un amico che ti comprende e che può condividere il suo affetto con te. Dio ha creato l'uomo a Sua immagine proprio perché voleva scambiare il Suo amore con qualcuno. Egli sta coltivando lo spirito dell'uomo su questa terra, perché desidera dei veri figli che capiscano il Suo cuore e che possano amorevolmente corrisponderLo con il loro.

Figli che obbediscano per libera scelta

In molti si chiedono perché Dio abbia creato gli esseri umani elevandoli al di sopra di altri, nonostante sia circondato da numerosi angeli obbedienti ed un esercito celeste i quali però, non hanno alcuna caratteristica umana che, invece, è molto importante per la condivisione dell'amore. In altre parole, essi non hanno una volontà spontanea per scegliere da soli: obbediscono correttamente ai comandi dati loro, come robot, ma non possono provare sentimenti ed emozioni; dunque, differentemente da noi, non sono in grado di condividere amore con Dio dal profondo del cuore.

Per esempio, supponiamo che tu abbia due figli: uno dei due esegue solamente i tuoi ordini senza esprimere alcuna emozione, opinione o amore, come un robot ben programmato; l'altro a volte ferisce i tuoi sentimenti, ma poi si pente dei suoi errori, si stringe piacevolmente a te ed esprime quello che c'è nel suo cuore in molti modi. Allora, quale dei due figli ameresti di più? Chiaramente il secondo.

Supponiamo ancora che tu abbia un robot che ti serve sbrigando tutte le tue faccende: tu non lo amerai mai come ami i tuoi figli. Non importa quanto abile ed utile esso sia, o come lavori duramente, non prenderà mai il loro posto.

Similmente Dio preferisce gli esseri umani, che Gli obbediscono gioiosamente attraverso la loro spontanea volontà, ragione ed emozione, piuttosto che gli angeli e l'esercito celeste i quali agiscono come robot programmati all'obbedienza. Dio dona all'uomo il libero arbitrio e la Sua Parola; gli insegna i valori del bene, del male e quale sia la via per la salvezza o per la morte. Aspetta, poi, pazientemente finché l'uomo non diventi un vero figlio.

Coltivare l'Uomo con l'affetto di un genitore

Leggiamo Genesi 6:5-6 con molta attenzione: *"L'Eterno vide che la malvagità degli uomini era grande sulla terra e tutti i disegni dei pensieri del loro cuore non erano altro che male in ogni tempo. E l'Eterno si pentì di aver fatto l'uomo sulla terra e se ne addolorò in cuor suo"*.

Significa forse che quando Dio creò l'uomo non sapeva che sarebbe successo questo? Certo che lo sapeva, è onnisciente ed onnipotente, per cui era a conoscenza di tutto prima del principio dei tempi; ciononostante, Egli creò l'uomo e continua a coltivarlo.

Se sei un genitore, sai quanto sia duro avere figli ed allevarli! Quando una donna è incinta, nei nove mesi di gravidanza prova diversi tipi di dolore e fastidi, tanto per citarne uno, la nausea. Arriva poi il momento della nascita, e con esso le doglie, quei dolori tipici di ogni parto naturale che aumentano sempre più d'intensità fino a diventare fortissimi. Per cibare, vestire ed educare i propri figli, i genitori compiono grandi sforzi lavorando duramente giorno e notte. Si preoccupano se i figli tornano a casa la sera tardi, e quando i loro "piccoli" si ammalano, stanno più male di loro.

Ma allora, perché nonostante tutti questi dolori e sacrifici, continuano ad allevare figli? Per loro, questo tipo di "sofferenza" produce felicità. La ragione è che essi desiderano qualcuno con cui poter condividere amore, vale a dire persone in grado di ricevere e di corrispondere dal cuore. E più i figli assomigliano loro, più sembrano belli ed amabili, anche se non tutti loro, amano e rispettano i propri genitori; alcuni purtroppo, li addolorano soltanto.

Pur sapendo quante siano le difficoltà da affrontare per crescere i propri figli, mamma e papà non considerano tali laboriosità come dolori e di conseguenza, arrivano a compiere sforzi tremendi aspettandosi che la loro prole si sviluppi al meglio, diventando la loro gioia. Allo stesso modo, Dio sapeva che gli esseri umani avrebbero disobbedito, si sarebbero corrotti ed avrebbero causato dolore; però sapeva anche che ci sarebbero stati alcuni figli veri che avrebbero accettato il Suo amore, dandoGli gioia. Ecco perché Dio ha creato gli esseri umani e continua ad allevarli volentieri.

Essere glorificato dai suoi veri figli

Il Padre non sta coltivando lo spirito degli uomini sulla terra solo per ottenere dei figli veri, ma anche per essere glorificato attraverso di loro. Egli può ricevere gloria da una grande compagnia di angeli e dall'esercito del cielo, ma quello che desidera veramente è essere innalzato dai Suoi figli veri, che ama dal profondo loro cuore.

In Isaia 43:7 Dio stesso enuncia: *"...tutti quelli che si chiamano col mio nome, che ho creato per la mia gloria, che ho formato e anche fatto,"* e in 1° Corinzi 10:31 ci istruisce dicendo: *"Sia dunque che mangiate, sia che beviate, sia che facciate alcun'altra cosa, fate tutte le cose alla gloria di Dio"*.

Dio è il Creatore, l'Amore e la Giustizia; ha dato il Suo unico Figlio per salvarci e preparato il cielo con la vita eterna: è più che degno di essere glorificato. Inoltre, vuole restituire questa gloria a coloro che Lo glorificano.

Anche tu dovresti divenire un vero figlio di Dio, condividerai il Suo eterno amore e capirai perché Dio vuole essere glorificato attraverso i Suoi figli spirituali di cui si prende cura.

Dio separa il Grano dalla Paglia

I coltivatori lavorano la terra perché vogliono mietere raccolti abbondanti; Dio, coltiva lo spirito degli uomini sulla terra per trovare dei veri figli che non solo Lo amino glorificandoLo con il loro cuore, ma che anche condividano con Lui l'amore eterno nel cielo.

In un raccolto, vi sono sempre grano e paglia, così gli agricoltori li dividono sistemando il primo nei granai e bruciando la seconda col fuoco. Nello stesso modo, Dio che coltiva lo spirito dell'uomo sulla terra, a Suo tempo separerà i due elementi: porrà il grano, i figli veri, in cielo per la vita eterna e consumerà la paglia con l'inestinguibile fuoco dell'inferno. Questo sarà alla fine della "coltivazione" dello spirito umano:

"Egli ha in mano il suo ventilabro e pulirà interamente la sua aia; raccoglierà il suo grano nel granaio, ma arderà la pula con fuoco inestinguibile." (Matteo 3:12).

Quindi, andiamo più in profondità per capire quali persone sono rappresentate dall'uno e quali dall'altra, e che luoghi sono sia il cielo che l'inferno.

Il Grano e la Paglia

Il grano simboleggia coloro che accettano Gesù Cristo, camminano nella verità e dimostrano amore verso Dio; essi sono figli della luce che recuperano l'immagine perduta del Padre e fanno qualsiasi cosa Egli richieda loro.

Al contrario, la paglia rappresenta coloro i quali non Lo accettano o che dicono di credere, ma non vivono secondo la Parola di Dio perché seguono i propri desideri malvagi.

1° Timoteo 2:4 descrive il nostro Dio come Colui che desidera la salvezza e la conoscenza della verità per gli uomini, ovvero, che tutti siano come il frumento ed entrino nel regno dei cieli. Egli vuole che noi realizziamo questo in molti modi per guidarci nella via della salvezza, ma nonostante tutto, alcune persone trasgrediscono ugualmente la Sua volontà per seguire il loro pensiero. Queste persone non sono migliori delle bestie di fronte all'Eterno, perché così facendo hanno perso i valori umani.

I contadini bruciano la pula col fuoco oppure la usano come fertilizzante, altrimenti il grano marcirebbe se entrambi fossero posti insieme nel silo. Di riflesso, Dio non permetterà all'una di entrare nello stesso luogo in cui sarà deposto l'altro.

Per Lui è fondamentale collocare il grano in cielo, perché goda della felicità eterna e bruciare la pula nel fuoco inestinguibile dell'inferno per sempre. Bisogna quindi non perdere mai di vista questa realtà, in modo da non finire nel fuoco dell'inferno.

La bellezza del cielo e l'orrore dell'inferno

Il cielo è troppo bello per essere comparato a qualsiasi cosa di questo mondo. Per esempio: i fiori in questa terra appassiscono presto, ma in cielo no, non muoiono, perché tutto in cielo è eterno. Le strade sono fatte di oro puro, chiaro come il vetro; vi scorre il Fiume della Vita, che splende come cristallo puro e le case, sono composte da ogni tipo di gioielli sfavillanti. Tutto è bello al di là di qualsiasi descrizione (riferimento ai libri *Il Cielo I & II*).

L'inferno, al contrario, è il luogo dove i vermi non muoiono mai ed il fuoco arde per sempre. Ognuno sarà salato col fuoco (Marco 9:48-49). Ancora di più, nell'inferno c'è lo stagno di zolfo che brucia sette volte più dello stagno di fuoco (Apocalisse 20:10, 15). Le persone non salvate vivranno nello stagno del fuoco inestinguibile, o nello stagno di zolfo che brucia per sempre. Che orrore e terrore sarà vivere lì per l'eternità! (riferimento ai libri *Il Cielo I & II*).

Per questa ragione in Marco 9:43 leggiamo le seguenti parole di Gesù: *"...è meglio per te entrare monco nella vita, che avere due mani e andare nella Geenna, nel fuoco inestinguibile"*.

Perché mai il Dio d'amore ha fatto tanto l'orribile inferno quanto l'incantevole paradiso? Se fosse permesso agli uomini malvagi entrare nel luogo dove dimorano coloro che Egli gradisce ed ama, sarebbe doloroso per questi ultimi ed il cielo sarebbe inquinato dal male. In breve, Dio ha creato l'inferno perché ama gli esseri umani e vuole dare ai Suoi figli solo il meglio.

Il Giudizio del grande trono bianco

Come il coltivatore semina la semenza e miete il raccolto

anno dopo anno, Dio ha coltivato lo spirito umano da quando Adamo fu guidato fuori dal Giardino dell'Eden, e continuerà a farlo finché Gesù ritornerà.

L'Eterno mostrò la Sua volontà ai padri della fede come Noè, Abramo, Mosè, Giovanni Battista, Pietro, l'apostolo Paolo; ed oggi continua a coltivare lo spirito umano attraverso i Suoi ministri ed operai. Dal momento che esiste un inizio, inevitabilmente ci sarà una fine, ciò significa che questa coltura non durerà per sempre.

2° Pietro 3:8 ci esorta, leggiamo insieme: *"Ora, carissimi, non dimenticate quest'unica cosa: che per il Signore un giorno è come mille anni, e mille anni come un giorno"*. Così come Dio si riposò nel settimo giorno, dopo i sei giorni della creazione dell'universo, il ritorno di Gesù ed il nuovo Millennio, il periodo sabbatico avverrà dopo seimila anni dalla disubbidienza di Adamo. Successivamente, attraverso il Giudizio del Grande Trono Bianco, l'Eterno permetterà al grano di entrare in cielo e getterà la zizzania nel fuoco dell'inferno.

Ti prego perciò, nel nome del Signore Gesù Cristo, di avere una profonda comprensione circa la provvidenza e l'amore di Dio riguardo la coltura dell'essere umano, conducendo una vita benedetta e glorificandoLo con una speranza fervente per il cielo.

Capitolo 3

L'Albero della Conoscenza del Bene e del Male

- Adamo ed Eva nel Giardino dell'Eden
- Adamo ha disobbedito di propria Volontà
- Il Salario del Peccato è la Morte
- Perché Dio ha piantato l'Albero della
  Conoscenza?

"L'Eterno DIO prese dunque l'uomo e lo pose nel giardino dell'Eden perché lo lavorasse e lo custodisse. E l'Eterno DIO comandò l'uomo dicendo: «Mangia pure liberamente di ogni albero del giardino; ma dell'albero della conoscenza del bene e del male non ne mangiare, perché nel giorno che tu ne mangerai, per certo morrai»".

Genesi 2 :15-17

Coloro che non conoscono il grande amore del Dio Creatore e la Sua profonda provvidenza nell'allevare i Suoi figli veri, potrebbero chiedersi: "Perché Dio ha posto l'albero della conoscenza del bene e del male nel giardino dell'Eden? Perché ha permesso che il primo uomo perseguisse la via della distruzione?" Pensano che l'uomo non sarebbe mai morto ed avrebbe goduto una vita felice per sempre se Egli non avesse fatto questo.

Alcuni dicono anche: "Dio non poteva sapere in anticipo che Adamo avrebbe mangiato il frutto dell'albero della conoscenza del bene e del male", perché non credono nella Sua onniscienza ed onnipotenza. Quindi, avrebbe messo questa pianta nel giardino con poca coscienza, senza sapere della futura disubbidienza di Adamo? Oppure, ha agito di proposito, per condurre l'uomo sulla via della morte? Certamente no!

Allora, perché l'albero della conoscenza del bene e del male si trova proprio lì, nel bel mezzo del giardino dell'Eden? Perché Adamo disubbidì al comando divino cadendo nella via della morte?

Adamo ed Eva nel Giardino dell'Eden

Dio formò l'uomo dalla polvere della terra, soffiò nelle sue narici l'alito di vita ed egli diventò un essere vivente (Genesi 2:7), cioè un essere spirituale che non ha alcun tipo di conoscenza al momento della sua creazione. Prendiamo un esempio facile: un neonato non ha saggezza né conoscenza; possiede un sistema di memoria nel suo cervello, ma non ha mai visto né sentito, e non gli è stato ancora insegnato niente. Quindi, il piccolo può agire solo per istinto.

Nello stesso modo, Adamo non aveva alcuna saggezza spirituale o conoscenza quando divenne un essere vivente.

Adamo apprese la Conoscenza della Vita da Dio

Dio collocò un giardino ad est, nell'Eden, in cui pose l'uomo al quale diede conoscenza della vita e della verità in maniera diretta, faccia a faccia, camminando con lui cosicché potesse controllare e gestire il giardino dell'Eden.

In Genesi 2:19 puoi leggere: *"E l'Eterno DIO formò dalla terra tutti gli animali dei campi e tutti gli uccelli dei cieli e li condusse dall'uomo per vedere come li avrebbe chiamati; e in qualunque modo l'uomo avesse chiamato ogni essere vivente, quello doveva essere il suo nome"*. Adamo fu equipaggiato con la conoscenza della vita in maniera sufficiente per dominare su ogni cosa.

A Dio non sembrò neanche buono che Adamo rimanesse solo e così lo fece cadere in un sonno profondo per creargli l'aiuto appropriato. E mentre dormiva, prese dal suo fianco una costola e richiuse la parte alterata con la stessa carne; poi da quell'osso creò una donna che presentò all'uomo. Fece unire Adamo ad Eva, ora sua moglie, e i due divennero una sola carne (Genesi 2:20-22).

Questo non avvenne perché Adamo si sentisse solo ma perché Dio era solo da un lungo periodo precedente la fondazione dei tempi e dunque, comprendeva bene il significato della solitudine. Il grande amore e l'immensa grazia guidarono il Creatore a formare un aiuto per Adamo e conoscendo la sua situazione in anticipo, lo benedisse insieme alla moglie affinché i due fossero fruttiferi, prosperi e popolassero la terra.

La lunga vita di Adamo nel giardino dell'Eden

Per quanto tempo la prima coppia umana visse nel giardino dell'Eden? La Bibbia non parla di questo dettaglio, ma bisogna sapere che i due risiederono lì molto più a lungo di quanto la maggior parte della gente possa credere.

La Scrittura raccoglie tutti questi fatti in poche frasi, per cui molti sono portati a pensare che Adamo mangiò il frutto proibito e cadde nella distruzione poco tempo dopo essere stato posto nel giardino dell'Eden. Alcune tra queste persone asseriscono e chiedono allo stesso tempo: "La Bibbia dice che la storia degli esseri umani ha seimila anni. Come si spiega allora il fatto che molti fossili risalgono a diverse centinaia di migliaia di anni fa?".

Dalla Parola apprendiamo che la storia della coltivazione umana ha approssimativamente seimila anni, a partire dal tempo in cui i nostri progenitori furono cacciati dal giardino, ma non include il lungo periodo durante il quale essi vissero in esso. Durante questo lungo periodo, si sono ovviamente registrati grandi cambiamenti geologici e geografici, come la reazione della crosta terrestre, i cicli di riproduzione ed estinzione. Come abbiamo letto e considerato nel Capitolo 1, molti fossili attestano e confermano questo.

E' scritto in Genesi 1:28 che Dio benedì Adamo e sua moglie; è chiaro perciò che, prima della caduta, l'uomo camminò con il suo Creatore per un lungo tempo, dando vita a molti figli e riempiendo il Giardino dell'Eden. Essendo Adamo signore su tutte le cose create, assoggettò e gestì la terra così come fece nel Giardino dell'Eden.

Adamo ha disobbedito di propria Volontà

Dio dotò sia Adamo che Eva di libero arbitrio e permise loro di godere dell'abbondanza e della gioia del Giardino; pose però un veto. Comandò loro di non mangiare dall'albero della conoscenza del bene e del male.

Se Adamo avesse capito il cuore profondo di Dio amandoLo veramente, non avrebbe mangiato il frutto proibito in obbedienza al Suo comando. Eppure, non rispettò questa specifica istruzione perché non amava Dio completamente.

Egli mise quel famoso albero nel giardino e stabilì una severa legge tra Lui e l'uomo, ponendolo in condizione di rispettare il Suo ordine di propria e spontanea volontà. In questo modo voleva guadagnarsi dei figli veri, capaci di rispettarLo dal profondo dei loro cuori.

Adamo trascurò la Parola di Dio

Nella Bibbia il Signore spesso promette benedizioni a coloro che rispettano tutti i Suoi comandamenti e tengono conto di tutta la Sua Parola (Deuteronomio 15:4-6, 28:1-14). Ciononostante, chi rispetta tutti i Suoi comandi? Anche la Bibbia ammette che ci sono solamente pochi uomini al mondo che possono farlo.

Dio aveva insegnare ad Adamo, il primo uomo, che poteva godere della vita eterna e delle benedizioni finché Gli avesse obbedito; che, in caso contrario, avrebbe raggiunto la morte eterna, e lo avvertì di non mangiare dall'albero della conoscenza del bene e del male.

I nostri antenati, però, mostrarono noncuranza verso il Suo comando e disobbedirono. Satana che cercò di disturbare i progetti di Dio riguardo ad allevare i veri figli spirituali fin dall'inizio, alla fine riuscì nell'intento attraverso il serpente, il più astuto fra tutti gli altri animali selvatici (Genesi 3:1). Adamo ed Eva disobbedirono al comando divino. Come mai, l'uomo agì in questo modo pur essendo uno spirito vivente ed avendo appreso da Dio stesso niente altro che verità?

In Genesi 2:15, vediamo che l'Eterno fece gestire e curare il giardino dell'Eden ad Adamo, il quale ricevette da Lui potere ed autorità per governarlo e proteggerlo. Fu messo a guardia di esso affinché Satana non vi entrasse; nondimeno, costui riuscì a controllare il serpente e a tentare i due attraverso di esso. Ma come fu possibile?

In una parola, Satana è uno spirito cattivo informe, come è

descritto in Efesi 2:2, il governatore del regno dell'aria, lo spirito che ora è al lavoro in coloro che disobbediscono.

Essendo un po' come le onde radio che si muovono nell'atmosfera, ha potuto controllare il serpente nel giardino dell'Eden per fargli tentare l'uomo e la donna. In Genesi capitolo 1, leggiamo una frase speciale che appare ripetutamente alla fine di ogni giorno della creazione: "E Dio vide che questo era buono". Tale espressione non fu però pronunciata il secondo giorno, quando la distesa delle acque fu separata dal firmamento.

Di nuovo, Efesi 2:2 parla di un tempo in cui *"... già (un tempo) camminaste, seguendo il corso di questo mondo, secondo il principe della potestà dell'aria, dello spirito che al presente opera nei figli della disubbidienza"*. Dio perciò antivedeva che gli spiriti malvagi avrebbero avuto autorità sul regno dell'aria.

Eva cadde nella tentazione del serpente,

Il serpente è soltanto uno degli animali dei campi, quindi come riuscì a tentare Eva tanto da farle trasgredire il comando di Dio?

Nell'Eden gli uomini potevano comunicare con tutte le creature viventi, come fiori, alberi, uccelli, altri animali e così via; Eva quindi poteva esprimersi anche con questo rettile. Originariamente questo rettile era amato dagli uomini e a differenza dei nostri giorni, non c'era contrasto tra di loro; il suo aspetto liscio, pulito, lungo, tondo e saggio lo rendeva piacevole agli occhi della donna, che conosceva bene e che compiaceva.

Possiamo paragonarlo al cane di oggi, molto gradito dall'uomo, perché intelligente e più fedele al suo padrone di molti altri.

Alcuni comunque guardano ai serpenti come ad esseri terribili, velenosi e disgustosi, manifestando un'antipatia quasi istintiva nei loro confronti, proprio perché sono la razza animale che ha ingannato i nostri progenitori, portandoli a disubbidire al comando divino e spingendoli sulla via della morte.

Per capirne meglio la natura, bisogna pensare alla caratteristica di un terreno vergine: è composto da alcuni componenti in esso presenti in proporzioni differenti; l'aggiunta di altri elementi, determinerà la riuscita del terreno stesso: buono (grasso), o povero. Quando Dio creò gli animali del campo e gli uccelli dell'aria, selezionò il suolo specifico e adatto a ciascuna specie (Genesi 2:19).

Non fece il serpente astuto, ma saggio abbastanza per essere amato dagli uomini; divenne però scaltro, dopo che la natura malvagia ne prese possesso, come dire che un terreno buono sì è guastato con l'aggiunta di elementi non buoni. Sarebbe invece rimasto assennato e retto se soltanto avesse eseguito la volontà di Dio,. Ascoltando al contrario la voce di Satana ed ubbidendogli, si trasformò in quell'essere falso ed ingannevole che provocò la caduta di Eva.

Alterò la Parola di Dio

Il serpente sapeva quello che Dio aveva detto ad Adamo: "Mangia pure liberamente di ogni albero del giardino; ma dell'albero della conoscenza del bene e del male non ne mangiare, perché nel giorno che tu ne mangerai, per certo morrai". Così chiese abilmente ad Eva: "Dio ha veramente detto: 'Non mangiate di tutti gli alberi del giardino'?".

Cosa rispose lei?

> "...*Del frutto degli alberi del giardino ne possiamo mangiare; ma del frutto dell'albero che è in mezzo al giardino DIO ha detto: 'Non ne mangiate e non lo toccate, altrimenti morirete'.*" (Genesi 3:2-3).

L'Eterno aveva dato ad Adamo un avvertimento chiaro: "Non mangiate da quell'albero. Quando ne mangerete, certamente morirete" (Genesi 2:17), enfatizzando che avrebbero cessato di vivere se avessero mangiato da esso. Eppure, la risposta della donna non fu così ovvia: replicò con un approssimato "Morirete", omettendo il "Certamente" pronunciato dall'Eterno nel Suo avvertimento. In altre parole intendeva dire: "Se mangio del frutto proibito forse moriremo, o forse no".

Non pose mente al Suo comando e dubitò un po' della Sua parola. Udendo una risposta così vaga e dubbiosa, il serpente non indugiò, tentò Eva ancora più pesantemente, distorcendo addirittura quella prescrizione: "Voi non morirete affatto"; ed alterandone le parole, incoraggiò la donna con parole sibilline: "....*ma DIO sa che nel giorno che ne mangerete, gli occhi vostri si apriranno e sarete come DIO, conoscendo il bene e il male*". (Genesi 3:5). La provocò di nuovo, stimolando maggiormente la sua curiosità.

Disubbidì di sua spontanea volontà

Dietro i desideri peccaminosi suggeriti a lei da Satana attraverso i suo falsi pensieri, l'albero le apparve diverso da come l'aveva sempre visto. Genesi 3:6 narra con queste parole: *"E la donna vide che l'albero era buono da mangiare, che era piacevole agli occhi e che l'albero era desiderabile per rendere uno intelligente; ed ella prese del suo frutto, ne mangiò e ne diede anche a suo marito che era con lei, ed egli ne mangiò"*.

Avrebbe dovuto fuggire, indubbiamente, dalla tentazione del serpente. I desideri dell'uomo peccaminoso, la concupiscenza degli occhi e l'orgoglio della sua vita, invece la consumarono e la guidarono nel peccato di disubbidienza.

Alcuni chiedono: "Ma Adamo ed Eva, non hanno mangiato il frutto dell'albero della conoscenza del bene e del male a causa della natura umana in loro?". Nessuna natura peccaminosa era in loro prima della disubbidienza, niente altro che bontà; avevano solamente la propria e spontanea volontà, il libero arbitrio, per decidere se mangiare o meno il frutto proibito, trasgredendo così il comando di Dio.

Col passare del tempo essi trascurarono il precetto di Dio; Satana li mise poi alla prova grazie al serpente e i due si arresero alla tentazione: violarono l'ordine stabilito da Dio ed in questo modo attraverso di loro, venne il peccato.

Succede qualcosa di simile nei bambini, con la crescita del male e del desiderio di compierlo: un bimbo non nasce cattivo, malvagio, ma può diventarlo strada facendo, tanto nel comportamento quanto nel linguaggio. Inizialmente il piccolo imita i suoi coetanei che dicono parolacce o bestemmie ripetendole anche senza saperne il significato. Oppure, segue un ragazzo più grande che picchia i più deboli e così emulando le sue gesta, gli farà piacere colpire a sua volta e vedere gli altri scoppiare in lacrime; continuerà allora a picchiare ripetutamente, permettendo alla malvagità concepita in lui di crescere con lui.

Allo stesso modo, Adamo non aveva in origine una natura peccaminosa, ma dal momento in cui disubbidì al comando di Dio mangiando dall'albero proibito di sua spontanea volontà, il peccato e la malvagità furono concepiti in lui.

Il Salario del Peccato è la Morte

Esattamente come Dio disse ad Adamo: "...dell'albero della conoscenza del bene e del male non ne mangiare, perché nel giorno che tu ne mangerai, per certo morrai", e sicuramente, Adamo ed Eva morirono dopo aver mangiato quel frutto. Giacomo 1:15 ribadisce il concetto: *"Poi quando la concupiscenza ha concepito, partorisce il peccato e il peccato, quando è consumato, genera la morte"*.

Romani 6:23 ci insegna la legge del regno spirituale riguardo al risultato ottenuto dal peccato: "Il salario del peccato è la morte", quindi consideriamo come la morte sia penetrata in loro a causa della disubbidienza.

La morte dello spirito

"... nel giorno che tu ne mangerai, per certo morrai", ma nonostante ciò essi non morirono immediatamente dopo la disubbidienza al comando di Dio, ma vissero a lungo e concepirono molti altri figli. Dunque, cos'era la "morte" di cui parlava Dio?

Egli non intendeva la morte dei loro corpi, ma quella del loro spirito. Gli uomini sono stati creati, come conferma 1° Tessalonicesi 5:23, in modo trino: spirito — l'elemento che comunica con Dio, anima — l'elemento che serve lo spirito e corpo — l'elemento che è la dimora temporale dello spirito e dell'anima. Quando i due disubbidirono al comando di Dio, il loro spirito, il padrone dell'uomo, morì.

Dio non ne è colpevole e nemmeno si può colpevolizzare, Egli è il Santo che dimora in una luce inaccessibile ai peccatori, i quali non possono stare con Lui. Ne è la prova Adamo, il quale comunicò con il suo Creatore fino al momento in cui il suo spirito vivente non fu sopraffatto dalla morte causata dal peccato.

L'Inizio di una vita dolorosa

Il giardino dell'Eden era un luogo bello e di grande abbondanza, in cui non esisteva preoccupazione o ansia alcuna e dove i nostri progenitori avrebbero potuto vivere per sempre mangiando dall'albero della vita; ma furono cacciati ed allontanati dal giardino dopo aver peccato. Da quel momento, ebbero inizio i loro problemi e la loro fatica.

Alla donna fu dato di soffrire dolore durante la gravidanza ed il parto, di avere i suoi desideri rivolti verso il marito e di essere dominata da lui. E l'uomo avrebbe potuto mangiare i prodotti del suolo maledetto per il resto della propria vita, solamente dopo averlo coltivato con grandi dolori e fatiche (Genesi 3:16-17).

E nei versi 18 e 19, stesso capitolo, Dio dice ad Adamo: *"Esso ti produrrà spine e triboli, e tu mangerai l'erba dei campi; mangerai il pane col sudore del tuo volto, finché tu ritorni alla terra perché da essa fosti tratto; poiché tu sei polvere, e in polvere ritornerai"*. In questi versi, il Signore implica il fatto che gli uomini ritorneranno ad essere una manciata di polvere.

Questo è successo perché Adamo, il padre di ogni essere umano, commise il peccato di disubbidienza; il suo spirito morì e tutti i suoi discendenti sono nati peccatori, quindi già sulla via della morte.

Romani 5:12 ci parla dell'ancora valida eredità lasciata da Adamo: *"Perciò, come per mezzo di un solo uomo il peccato è entrato nel mondo e per mezzo del peccato la morte, così la morte si è estesa a tutti gli uomini, perché tutti hanno peccato"*.

Tutti gli uomini sono nati col peccato originale

Dio abilita le persone ad essere fruttifere ed a moltiplicarsi attraverso i semi di vita che ha messo in loro al momento della creazione, infatti il concepimento avviene grazie all'unione del liquido seminale maschile, sperma, e l'ovulo femminile. Visto che questi due elementi posseggono le caratteristiche genitoriali umane, il nascituro concepito dall'unione, somiglierà in fisionomia, carattere, gusto, abitudini, inclinazioni, postura e così via, ai suoi genitori.

In questo modo la natura peccaminosa del padre dell'umanità sorta al momento della sua caduta, è stata trasmessa a tutti i suoi discendenti: questo è chiamato "peccato originale", per il quale tutti, uomini e donne, sono nati nel peccato, e di conseguenza sono inevitabilmente peccatori.

Alcuni tra gli increduli si lamentano dicendo "Perché anch'io? Come faccio ad esserlo? Io non ho commesso alcun peccato". Oppure, "Com'è possibile che il suo peccato sia passato a me?".

Facciamo l'esempio di un bambino piccolo, che normalmente viene ancora nutrito con il latte materno: se la mamma allattasse un altro bimbo di fronte a lui, probabilmente si ingelosirebbe e vorrebbe mandarlo via. La donna, però, continua a nutrirlo perché il piccolo desidera ancora latte dal suo seno; il figlio potrebbe allora avere reazioni violente sia verso "l'intruso" sia verso la madre e se lei non smetterà, senza dubbio la sua creatura piangerebbe ininterrottamente.

Anche se nessuno ha mai insegnato al piccolo invidia, gelosia, avidità, odio o violenza, egli potrebbe comunque avere quegli istinti malvagi nella sua mente fin dalla nascita. Questo esempio spiega come gli uomini siano nati col peccato originale in sé, ereditandolo dai propri genitori.

Quanto di più, dunque, può peccare una persona nell'arco della sua vita? Bisogna capire che Dio, la luce, definisce peccato non solo le azioni sbagliate, ma anche ogni genere di pensiero scellerato ed empio che ha spazio nel nostro intelletto. Sappi che Egli percepisce ed osserva tutti gli aspetti della malvagità naturale insiti in esso. Perciò la Bibbia ci dice che nessuno sarà dichiarato giusto davanti agli occhi dell'Eterno mediante l'opera della legge e

che tutti gli uomini sono privi della gloria di Dio perché hanno
peccato (Romani 3:20, 23).

Tutte le cose sono state maledette insieme all'uomo

Quando Adamo, governatore di tutte le cose, peccò e fu
maledetto da Dio, la terra intera, compresi il bestiame, gli animali
dei campi, i pesci del mare e gli uccelli dell'aria, cadde
inevitabilmente sotto questa maledizione insieme a lui. Da allora
in poi vennero all'esistenza insetti dannosi e velenosi, come
mosche o zanzare ed altri, che trasmettono qualsiasi genere di
malattia.

La terra cominciò a produrre spine e triboli e gli uomini
potevano mangiare i frutti del loro raccolto, solamente dietro
duro lavoro, col sudore della fronte. Furono costretti ad
affrontare lacrime, sofferenza, dolore, malattie, morte e cose
simili, per via di quella maledizione.

Romani 8:20-22 documenta così l'accaduto: "... *perché la
creazione è stata sottoposta alla vanità non di sua propria
volontà, ma per colui che ve l'ha sottoposta, nella speranza che
la creazione stessa venga essa pure liberata dalla servitù della
corruzione per entrare nella libertà della gloria dei figli di Dio.
Infatti noi sappiamo che fino ad ora tutto il mondo creato geme
insieme ed è in travaglio*".

Come fu maledetto il serpente? In Genesi 3:14 Dio disse
all'astuto animale che tentò l'uomo inducendolo al peccato:
"*Poiché hai fatto questo, sii maledetto fra tutto il bestiame e fra
tutte le fiere dei campi! Tu camminerai sul tuo ventre e*

mangerai polvere tutti i giorni della tua vita". Anche se i rettili non mangiano polvere, ma piuttosto animali come uccelli, rane, topi o insetti, Dio ha chiaramente detto "Tu mangerai polvere tutti i giorni della tua vita". Come dovremmo interpretare questo verso?

Qui la "polvere" simboleggia l'uomo, che è stato formato dalla terra (Genesi 2:7) ed il "serpente" rappresenta il nostro nemico Satana, il diavolo (Apocalisse 20:2). "Il serpente mangerà polvere tutti i giorni della sua vita" sta a dire che Satana divora le persone che non vivono della Parola divina e camminano nelle tenebre.

Anche i figli di Dio affrontano la durezza prodotta da Satana, se commettono il male e peccano contro la Sua volontà. Oggi il nostro comune nemico, vaga come un leone ruggente in cerca di prede da divorare (1° Pietro 5:8), e trovandole, le assoggetterà come schiavi sotto la maledizione del peccato, trascinandoli nella via della distruzione; e se fosse possibile, tenterebbe anche i figli di Dio.

Satana tenta coloro che dicono: "Io credo in Dio", ma non sono sicuri della Sua parola e li guida alla morte. Cerca di mettere anche te alla prova attraverso coloro che ti sono più vicino, come marito, moglie, amici, parenti, esattamente come ha tentato Eva attraverso il serpente, che era uno dei suoi "cuccioli preferiti".

Per esempio, tuo marito o un tuo amico, potrebbe farti alcune domande del tipo: "Non ti basta andare in chiesa solo per il servizio di adorazione della domenica mattina? Devi sempre andarci anche la domenica sera?"; "Ogni giorno fai del tuo meglio per riuscire ad andare alle riunioni!"; "Il Signore ti comprende e conosce la profondità del tuo cuore perché è onnisciente ed onnipotente. Devi per forza pregare così forte?".

Dio comandò di rispettare il giorno del Sabato e santificarlo (Esodo 20:8), di continuare ad incontrarsi nel nome di Dio (Ebrei 10:25) e di invocarLo in preghiera (Geremia 33:3). Satana non può tentare o indurre al peccato coloro che dimorano completamente nella Parola di Dio (Matteo 7:24-25).

In Efesi 6:11 leggiamo una preziosa esortazione: *"Rivestitevi dell'intera armatura di Dio per poter rimanere ritti e saldi contro le insidie del diavolo"*. Dobbiamo attrezzarci della Parola di Verità e coraggiosamente, per fede cacciare il nostro nemico Satana, il diavolo.

Perché Dio ha piantato l'Albero della Conoscenza?

Dio non mise l'albero della conoscenza del bene e del male nel giardino dell'Eden per indurre gli uomini alla distruzione, ma per dare loro la vera felicità. Mal comprendendo la profondità del Suo piano, molte persone non concepiscono il Suo amore e la Sua giustizia, e quindi, non credono nemmeno in Lui. Vivono un'esistenza tiepida, futile, non incisiva e non riescono a trovare il vero scopo della propria vita.

Allora perché Egli ha posto l'albero della conoscenza del bene e del male nel giardino? E perché questo dovrebbe portare grandi benedizioni?

Adamo ed Eva non conobbero la vera felicità

Quel luogo era semplicemente meraviglioso e pieno di abbondanza al di là di ogni immaginazione. Dio fece crescere dalla terra ogni genere di albero piacevole agli occhi e tutti producevano buoni frutti da mangiare. Al centro del giardino si ergevano l'albero della vita e quello della conoscenza del bene e del male (Genesi 2:9).

Perché furono posti proprio lì, al centro del giardino, così bene in vista? Dio non ha mai pensato di guidare l'uomo nella via della distruzione, tentandolo a mangiare quel frutto fatidico. C'era la provvidenza divina in grado di farci comprendere i principi della relatività attraverso quella pianta e il divenire Suoi veri figli spirituali, capaci di sentire il Suo cuore.

Quando le persone passano momenti di lacrime, dolore, povertà o malattie, tendono a pensare che Adamo ed Eva erano molto felici in quel paradiso, perché nel loro mondo non sperimentarono le nostre stesse amare esperienze odierne. Eppure, gli abitanti dell'Eden non sapevano neppure cosa fossero la vera felicità o il vero amore, perché non hanno mai sperimentato la relatività.

Facciamo l'esempio di due ragazzi: uno nasce e cresce nell'abbondanza, l'altro invece nasce e cresce in povertà. Se ad ognuno di loro doniamo un giocattolo molto costoso, che reazione avranno? Il ragazzo benestante non sarà eccessivamente grato, essendo tutto questo per lui un fatto di normale routine, e non potrà apprezzarne il valore. L'altro invece, il ragazzo cresciuto nella povertà, mostrerà più gratitudine e stimerà il regalo come qualcosa di molto prezioso.

La vera felicità si sperimenta con la relatività

Allo stesso modo, coloro che sperimentano ciò che può essere relativo alla libertà ed all'abbondanza, conoscono e godono della vera felicità o della vera libertà. Diversamente dal giardino dell'Eden, in questo mondo vi sono molte realtà relative. Se vuoi conoscere e godere pienamente una qualunque cosa, sia essa tangibile o no, devi sperimentarne la relatività. Non puoi renderti conto del suo vero valore finché non ne esamini gli aspetti opposti.

Alcuni esempi: se desideri conoscere la vera felicità devi sapere cos'è l'infelicità; se desideri scoprire il valore del vero amore devi sapere cos'è l'odio; non puoi realizzare pienamente il valore della tua salute, finché non ti ammali o hai una salute malsana. Di riflesso, non realizzerai il valore della vita eterna e non sarai grato a Dio Padre, che ti sta preparando il cielo, finché non capirai che certamente esistono tanto la morte quanto l'inferno.

Il primo uomo, Adamo, ha goduto di qualunque cosa desiderasse mangiare; aveva anche l'autorità di gestire ogni essere presente nel giardino e sottomettere tutto a sé, senza incontrare opposizioni tanto morali, quanto fisiche, come sforzi dolorosi o il sudore della sua fronte. Per questa ragione, non poteva esprimere la sua gratitudine al Creatore che gli aveva dato tutto e tanto meno poté realizzare la Sua grazia ed il Suo amore nel cuore, perché per lui era tutto normale, scontato.

Successivamente Adamo disubbidì al comando divino

mangiando il frutto proibito: fino a quel momento era uno spirito vivente, con il peccato il suo spirito morì ed egli divenne un uomo di carne. Lui e sua moglie furono guidati fuori del giardino ed iniziarono a vivere su questa terra. Adamo realizzò quello che non aveva mai esperimentato prima: lacrime, dolore, malattie, sofferenze, sventura, morte e così via. In altre parole, provò tutto ciò che era l'opposto della felicità vissuta nel giardino dell'Eden.

Solo attraverso tale percorso, Adamo ed Eva furono in grado di sentire e capire il vero significato di felicità ed infelicità e quanto fossero preziose la libertà e l'abbondanza che Dio aveva dato loro nel giardino.

La tua vita sarà insignificante se vivrai per sempre senza comprendere il senso di questi grandi valori. Forse ora hai delle difficoltà, superandole ti sentirai veramente felice e la tua vita risulterà essere più preziosa e significativa.

Per esempio, anche se i genitori sanno già in anticipo che i loro figli probabilmente soffriranno un po' nello studio, li fanno comunque andare a scuola; se li amano, li aiuteranno prontamente a studiare sodo e ad arricchire la propria esperienza con molte attività educative. Lo stesso succede al cuore di Dio Padre, che ha mandato gli uomini in questo mondo e li coltiva come i Suoi figli veri attraverso ogni genere di esperienza.

Per questa stessa ragione mise l'albero della conoscenza del bene e del male nel Giardino dell'Eden, senza impedire alla coppia di mangiarne il frutto di propria e spontanea volontà. Progettò tutto in dettaglio affinché gli uomini potessero provare ogni tipo di gioia, collera, dolore e piacere in questo mondo e diventare così Suoi veri figli grazie alla cura divina che ha per tutta l'umanità.

Attraverso le esperienze dolorose, i due finalmente capirono l'effettivo valore e l'evidente significato di quelle realtà, ma una alla volta, nel profondo del cuore.

Dal momento che avranno conosciuto la vera felicità tramite la crescita umana, Dio non sarà più tradito dai Suoi figli, diversamente da come fece Adamo nel giardino dell'Eden e non importa quanto tempo fa. Al contrario, Lo ameranno sempre più intensamente, essendo ripieni di gioia e ringraziamento e Gli daranno una più grande gloria.

La vera felicità del cielo

I figli di Dio che in questo mondo hanno provato e vissuto lacrime, dolore, sofferenza, malattie, morte e così via, entreranno nell'eternità del cielo e godranno per sempre di appagamento illimitato, amore, ringraziamento e gioia della perfetta felicità.

In questo mondo carnale tutto si decompone e muore, ma nel regno eterno dei cieli niente andrà in disfacimento; non ci saranno morte, né lacrime o dolore. L'oro è considerato un elemento estremamente prezioso sulla terra, ma in cielo tutte le strade della Nuova Gerusalemme sono state costruite con questo puro metallo; le case del paradiso sono fatte di gioielli molto belli e preziosi... Che bellezza, che meraviglia!

Prima di incontrare il Signore pensavo all'oro ed ai gioielli come ad elementi preziosissimi, ma dal momento in cui ho appreso del cielo eterno, ho cominciato a considerare tutte le cose di questo mondo vane o indegne: la vita quaggiù, se paragonata al regno dell'eternità, è un momento. Se credi e speri davvero nel cielo eterno, non amerai mai questo mondo e penserai solamente a cosa fare per portare salvezza ad un'altra persona, oppure per evangelizzare tutta la gente del mondo. Ti accumuleresti ricompense in cielo, dando le tue migliori offerte a Dio con tutto il cuore, senza cercare di farti tesori sulla terra.

Paolo, servitore di Cristo, ha potuto continuare per la sua dura strada con ringraziamento e gioia perché in una visione mostratagli dal Signore, scorse il terzo cielo. Ha dovuto sopportare sofferenze tremende per essere l'apostolo dei Gentili; l'Eterno gli mostrò la grande bellezza del cielo e lo incoraggiò a proseguire il cammino fino alla fine, nella speranza di ottenere il cielo. Fu picchiato con bastoni, severamente fustigato, lapidato, spesso incarcerato e versò il suo sangue predicando il vangelo di Dio. Ciononostante, Paolo sapeva che tutte queste prove gli sarebbero state grandemente ricompensate, oltre ogni descrizione, in cielo: alla fine, tutte le sue fatiche furono trasformate in grandi benedizioni celesti.

Gli uomini di Dio non sperano in questo mondo, aspirano ardentemente solo al regno dei cieli. Il primo luogo non è che un attimo agli occhi di Dio, il secondo è eterno e in esso non vi sono lacrime, sofferenze, morte. Così i Suoi figli, possono vivere sempre con la gioia, sapendo che Dio li ricompenserà in cielo con grandi premi, secondo ciò che hanno seminato o fatto in terra.

Perciò io prego, nel nome del nostro Signore Gesù Cristo, che tu comprenda il grande amore e la provvidenza di Dio, il

Creatore, preparandoti per entrare in cielo, affinché tu possa godere della vita eterna e della vera felicità nella straordinaria e gloriosa bellezza celeste.

Capitolo 4

IL SEGRETO NASCOSTO PRIMA DELLA FONDAZIONE DEI TEMPI

- L'Autorità di Adamo passata al Diavolo
- La Legge della Redenzione della Terra
- Il Segreto nascosto prima della
  Fondazione dei Tempi
- Gesù, Qualificato secondo la Legge

"Or noi parliamo di sapienza fra gli uomini maturi, ma di una sapienza che non è di questa età né dei dominatori di questa età che sono ridotti al nulla, ma parliamo della sapienza di Dio nascosta nel mistero, che Dio ha preordinato prima delle età per la nostra gloria, che nessuno dei dominatori di questa età ha conosciuta; perché, se l'avessero conosciuta, non avrebbero crocifisso il Signore della gloria."

1° Corinzi 2:6-8

Abbiamo visto che Adamo ed Eva furono tentati dal serpente nel giardino dell'Eden, disubbidirono al comando di Dio e mangiarono dall'albero della conoscenza del bene e del male perché nella loro mente avevano desiderato essere come Dio. Conseguentemente, essi e tutti i loro discendenti diventarono peccatori.

Dalla prospettiva umana, pensiamo che i nostri antenati siano stati miserabili perché condotti fuori dall'Eden per intraprendere la via della morte. Parlando spiritualmente, invece, questa fu una sorprendente benedizione divina, in quanto finalmente avrebbero trovato l'opportunità di godere salvezza, vita eterna e delle benedizioni celesti, attraverso Gesù Cristo.

Tramite l'evoluzione dell'umanità, il segreto che è stato nascosto per la tua gloria da prima della fondazione dei tempi, fu rivelato e la via della salvezza fu spalancata a tutte le nazioni. Allora, scaviamo più in profondità questo segreto nascosto prima che i tempi fossero e vediamo come la via della salvezza sia stata aperta.

L'Autorità di Adamo passata al Diavolo

In Luca 4:5-6 vediamo la tentazione di Gesù, che aveva

appena finito un digiuno di 40 giorni nel deserto:

> *"Poi il diavolo lo condusse su di un alto monte e gli mostrò in un attimo tutti i regni del mondo. E il diavolo gli disse: «Io ti darò tutto il potere di questi regni e la loro gloria, perché essa mi è stata data nelle mani e io la do a chi voglio»"*.

Il diavolo affermò che avrebbe dato la sua autorità a Gesù, autorità che gli era stata rilasciata da qualcuno. Perché Dio, che governa tutte le cose, ha permesso che al diavolo fosse data autorità?

In Genesi 1:28 leggiamo: *"E DIO li benedisse e DIO disse loro «Siate fruttiferi e moltiplicatevi, riempite la terra e soggiogatela, e dominate sui pesci del mare, sugli uccelli del cielo e sopra ogni essere vivente che si muove sulla terra»"*.

Adamo ricevette autorità e potenza da Dio per gestire e dominare su tutte le cose, perché ne era il padrone. Dopo un lungo e bellissimo periodo, lui e sua moglie furono ingannati dall'astuto serpente, e commisero il peccato di disubbidienza a Dio mangiando dall'albero della conoscenza del bene e del male.

In Romani 6:16 leggiamo queste parole: *"Non sapete voi che a chiunque vi offrite come servi per ubbidirgli, siete servi di colui al quale ubbidite, o del peccato per la morte, o dell'ubbidienza per la giustizia?"*. Puoi essere schiavo del peccato o della giustizia. Se commetti dei peccati allora sei schiavo del peccato e andrai verso la morte; se invece rispetti la parola della rettitudine sarai comunque uno schiavo, ma della giustizia ed andrai in cielo.

Disubbidendo a Dio, Adamo commise il peccato e ne divenne schiavo, e chiaramente non poteva più possedere tutta l'autorità e il potere che gli erano stati rilasciati. Ha dovuto cederli al diavolo nonostante gli appartenessero, esattamente come succede ad una persona libera resa schiava: tutti i suoi possedimenti sono ora proprietà del suo padrone. In breve, Adamo ha ceduto al diavolo l'autorità ed il potere che Dio gli aveva dato, perché fallendo, divenne schiavo del peccato.

Risultato della sua disubbidienza: il peccato di tutti gli uomini, in quanto causò la schiavitù sotto il dominio del diavolo e oltre alla sua, anche la condanna a morte dei suoi posteri.

La Legge della Redenzione della Terra

Cosa devono fare le persone per essere liberate da Satana, il diavolo e per essere salvate dal peccato e dalla morte? Alcuni dicono: "Dio perdona tutti incondizionatamente, perché è amore ed è generoso in compassione e misericordia", eppure 1° Corinzi 14:40 dice: *"Ma ogni cosa sia fatta con decoro e con ordine"*. Dio fa tutto in maniera ordinata secondo la legge del regno spirituale; non agisce contro di essa, perché è Signore di giustizia e bellezza.

Nel regno spirituale c'è una legge che castiga i peccatori, infatti dice che "Il salario del peccato è la morte"; ma c'è anche una legge che li riscatta, quella spirituale, la quale dovrebbe essere applicata per il recupero dell'autorità che Adamo ha rilasciato al diavolo.

E cos'è dunque la legge della redenzione dei peccatori? E' quella del riscatto della terra, citata nel Vecchio Testamento. Prima della fondazione dei tempi, Dio Padre aveva preparato in segreto la via della salvezza umana proprio secondo tale legge.

Il riscatto del suolo

Questo è il comando per il popolo di Israele in Levitico 25:23-25:

> *"Le terre non si venderanno per sempre, perché la terra è mia; poiché voi siete forestieri e affittuari con me. Perciò in tutto il paese di vostra proprietà, concederete il diritto di riscatto del suolo. Se un tuo fratello diventa povero e vende una parte della sua proprietà, colui che ha il diritto di riscatto, il suo parente più stretto, verrà e riscatterà ciò che il suo fratello ha venduto."*

Ogni appezzamento di terreno appartiene a Dio e non deve essere venduto per sempre, a scadenza indeterminata. Ciò significa che se qualcuno doveva mettere in vendita la sua terra a causa della povertà, Egli permetteva alla persona stessa o al suo parente più vicino, quando e se ne fosse stato in grado, di ricomperarla cioè riscattarla. Questa è la legge della redenzione del suolo secondo la quale, il popolo d'Israele redigeva il contratto di certificazione dell'appezzamento di un terreno, proprio per evitare di venderlo o comprarlo per sempre.

Venditore ed acquirente scrivevano dettagliatamente sul certificato le caratteristiche del terreno, cosicché il primo o il suo parente più vicino potesse riscattarlo successivamente in qualsiasi momento; ne facevano una copia e li timbravano entrambi con i sigilli delle due persone interessate, di fronte a due o tre testimoni. Un contratto veniva sigillato e tenuto in un deposito del tempio santo, l'altro era conservato aperto e non sigillato in una stanza di ingresso. La legge del riscatto del suolo permetteva al venditore ed al suo parente più stretto di riscattare la terra in qualsiasi momento.

Il riscatto del suolo e la salvezza umana

Perché Dio ha preparato la via della salvezza umana secondo la legge della redenzione della terra? Genesi 3:19 e 23 ci mostrano che questa legge ha un collegamento diretto con la salvezza dell'umanità:

> "... mangerai il pane col sudore del tuo volto, finché tu ritorni alla terra perché da essa fosti tratto; poiché tu sei polvere, e in polvere ritornerai." (Genesi 3:19).

> "Perciò l'Eterno DIO mandò via l'uomo dal giardino di Eden perché lavorasse la terra da cui era stato tratto." (Genesi 3:23).

Dio disse ad Adamo, dopo la sua disubbidienza: "Tu sei

polvere e tornerai alla polvere". Qui la parola "polvere" simboleggia gli uomini, che da essa sono stati formati, e perciò con la morte ritornano a lei.

La legge del riscatto del suolo dice che tutti i terreni appartengono a Dio e non devono essere venduti per sempre, (Levitico 25:23-25). In altre parole, gli uomini, formati dalla polvere della terra, appartengono a Lui e non possono essere venduti per sempre, senza possibilità di riscatto. Inoltre, nessun potere ed autorità rilasciate nel principio da Dio ad Adamo, potevano essere venduti per sempre, perché di appartenenza divina.

La supremazia dell'uomo fu ceduta al nostro nemico Satana, il diavolo, e soltanto Colui che è l'unico idoneo a riscattarla, può riprendergliela. Proprio per questo, il Dio della giustizia ha destinato un Redentore perfetto, secondo la legge del riscatto del suolo e questi è il Salvatore di tutti gli uomini.

Il Segreto nascosto prima della Fondazione dei Tempi

Sapendo, già prima che il mondo fosse, della disubbidienza di Adamo e conseguente caduta dei suoi discendenti, Dio preparò in segreto il piano salvifico per l'umanità, nascondendolo fino al tempo da Lui determinato.

Se il diavolo avesse saputo tutto ciò, per non perdere l'autorità sugli uomini, avrebbe impedito l'attuazione di questo piano. In 1° Corinzi 2:7 l'apostolo Paolo scrive: *"... ma parliamo della sapienza di Dio nascosta nel mistero, che Dio ha preordinato prima delle età per la nostra gloria".*

Gesù Cristo, la saggezza di Dio

In Romani 5:18-19 l'apostolo scrive: *"Per cui, come per una sola trasgressione la condanna si è estesa a tutti gli uomini, così pure con un solo atto di giustizia la grazia si è estesa a tutti gli uomini in giustificazione di vita. Infatti, come per la disubbidienza di un solo uomo i molti sono stati costituiti peccatori, così ancora per l'ubbidienza di uno solo i molti saranno costituiti giusti".*

Tutti gli individui possono diventare giusti e possono essere salvati attraverso l'obbedienza di un uomo, così come tutti sono diventati peccatori e sono caduti nella morte a causa della disubbidienza di un altro uomo.

Dio mandò allora Gesù Cristo, che Lui stesso aveva preparato in segreto come piano della salvezza umana, permettendo la Sua crocifissione e resurrezione dalla morte: da quel momento in poi, chiunque crede in Lui è salvato. In 1° Corinzi 1:18 Dio ci dice: *"Infatti il messaggio della croce è follia per quelli che periscono, ma per noi che siamo salvati è potenza di Dio".*

Per alcune persone può sembrare una follia il fatto che il Figlio dell'Eccelso Dio sia stato insultato ed ucciso dalle Sue stesse creature. Eppure, questo "folle" progetto di Dio è molto più saggio dei piani umani, e la "debolezza" di Dio è molto più forte della più grande forza umana (1° Corinzi 1:25). La Scrittura dice esplicitamente che ai Suoi occhi nessuno potrà mai essere giustificato attraverso l'osservanza della legge, perciò Egli aprì la via della salvezza a chiunque crede in Gesù Cristo.

Il salario del peccato è la morte, nessuno di noi potrebbe ricevere salvezza se Gesù non fosse morto per i nostri peccati. Fu crocifisso per questa causa, e risuscitò per la potenza di Dio, il Fautore di questo grandioso progetto, che forse per qualcuno poteva sembrare molto debole o folle.

Il Padre celò il Figlio ed il piano della Sua crocifissione, per molto tempo, mantenendone il segreto perché il nostro nemico non ne venisse a conoscenza, impedendogli così di bloccare la via alla salvezza umana. Satana, non avrebbe mai ucciso Gesù sulla croce se fosse stato a conoscenza del programma divino prestabilito per la redenzione e per il recupero dell'autorità perduta di Adamo.

In 1° Corinzi 2:7-8 vediamo ancora: *"... ma parliamo della sapienza di Dio nascosta nel mistero, che Dio ha preordinato prima delle età per la nostra gloria, che nessuno dei dominatori di questa età ha conosciuta; perché, se l'avessero conosciuta, non avrebbero crocifisso il Signore della gloria"*.

Gesù, Qualificato secondo la Legge

Così come ogni contratto naturale ha delle normative, anche il regno spirituale ha le sue secondo le quali Gesù il Redentore, in base alla legge di riscatto del suolo, deve essere qualificato idoneo per riacquistare l'autorità trasferita al diavolo, come già detto.

Per esempio, supponiamo che un uomo d'affari in bancarotta

con un grande debito e nessuna possibilità di pagarlo; se ha un fratello ricco che lo ama, questo salderà subito tutti i suoi conti.

Tutti gli uomini, peccatori dalla caduta di Adamo, hanno bisogno di un Redentore qualificato per purificarli dal peccato. Quali sono dunque le Sue caratteristiche? Perché la Bibbia dice che solamente Gesù Cristo è qualificato, cioè giudicato idoneo?

Primo, il Redentore deve essere un uomo

Levitico 25:25 enuncia la prassi: *"Se un tuo fratello diventa povero e vende una parte della sua proprietà, colui che ha il diritto di riscatto, il suo parente più stretto, verrà e riscatterà ciò che il suo fratello ha venduto"*. Secondo la legge qui riferita, il parente più vicino alla persona che vende i suoi beni perché caduta in disgrazia, può riscattare l'oggetto della vendita.

In 1° Corinzi 15:21-22 ne leggiamo la conferma: *"Infatti, siccome per mezzo di un uomo è venuta la morte, così anche per mezzo di un uomo è venuta la risurrezione dei morti. Perché, come tutti muoiono in Adamo, così tutti saranno vivificati in Cristo"*. La prima qualifica necessaria al Redentore per ripristinare l'autorità di Adamo è senza alcun dubbio la Sua umanità: egli, deve essere un uomo. Questo è ancora una volta dettagliatamente descritto in Apocalisse 5:1-5:

"Poi vidi nella mano destra di colui che sedeva sul trono un libro scritto di dentro e di fuori, sigillato con sette sigilli. E vidi un angelo potente, che proclamava a gran voce: «Chi è degno di aprire il libro e di

sciogliere i suoi sigilli?». Ma nessuno, né in cielo né sulla terra né sotto terra, poteva aprire il libro e guardarlo. Io piangevo forte, perché non era stato trovato nessuno degno di aprire e di leggere il libro, e neppure di guardarlo. Allora uno degli anziani mi disse: «Non piangere, ecco, il Leone della tribù di Giuda, la Radice di Davide, ha vinto per aprire il libro e sciogliere i suoi sette sigilli»."

Il "rotolo scritto dentro e fuori, sigillato con sette sigilli" indica il contratto stipulato tra Dio ed il diavolo, al momento della disubbidienza di Adamo. L'apostolo Giovanni non trovò nessuno degno di sciogliere i sigilli e di aprire il rotolo tanto in cielo, quanto in terra, o sotto di essa.

Questo perché gli angeli in cielo non sono uomini; tutti gli uomini sulla terra sono peccatori, perché discendenti di Adamo; e sotto la terra, vi sono solamente spiriti malvagi che appartengono al diavolo ed anime morte precipitate all'inferno.

In quel momento, uno degli anziani disse a Giovanni: "Non piangere, ecco, il Leone della tribù di Giuda, la Radice di Davide, ha vinto per aprire il libro e sciogliere i suoi sette sigilli". L'espressione "la Radice di Davide" si riferisce a Gesù, nato dalla discendenza di re Davide che era della tribù di Giuda (Atti 13:22-23). Perciò, Gesù è qualificato per il primo requisito richiesto dalla legge del riscatto del suolo.

Alcuni potrebbero dire che essendo Dio l'Assoluto, Gesù il Suo Figliolo è certamente Dio e quindi, non può essere un uomo. Giovanni 1:1 testualmente dichiara così: *"La Parola era*

Dio" ed al verso 14 prosegue confermando: *"E la Parola si è fatta carne ed ha abitato fra di noi".* Dio, che era la Parola, divenne carne e visse qui sulla terra fra di noi.

Gesù, nella Sua entità originale è Dio, ma divenne carne come ogni uomo. E' la Parola ed il Figlio di Dio, ma in Sé ha avuto oltre alla divinità anche l'umanità, perché fisicamente è nato e cresciuto con sembianza umana. La storia dell'umanità è divisa in due periodi di tempo stabiliti dalla nascita di Gesù: a.C., avanti Cristo, e A.D., Anno Domini. Questo fatto da solo testimonia che Gesù diventò carne e venne su questa terra; la Sua nascita, educazione e crocifissione sono parte di questo indubbio evento.

Tutto ciò dimostra che Gesù con la Sua umanità, risponde perfettamente alla prima qualifica richiesta al Redentore.

Secondo, il Redentore non deve essere un discendente di Adamo

Un debitore non può pagare il debito di altre persone, ma chi non ne ha ed è in grado di aiutare qualcuno, può farlo. Ugualmente, il Redentore di tutti gli uomini deve essere irreprensibile ed immacolato per riscattare tutti dal peccato e dalla morte. Tutti gli esseri umani sono discendenti di Adamo e quindi nessuno di loro, può essere qualificato come Redentore dell'umanità, perché anch'egli peccatore. Neanche il più grande tra gli uomini di tutta la storia potrebbe prendersi la responsabilità dei peccati altrui.

Gesù ha questa qualifica?

Matteo 1:18-21 descrive la nascita di Gesù dicendo che Egli

fu concepito dallo Spirito Santo, non attraverso l'unione di un uomo ed una donna. I versi menzionati dicono quanto segue:

"Or la nascita di Gesù Cristo avvenne in questo modo. Maria, sua madre, era stata promessa in matrimonio a Giuseppe, ma prima che iniziassero a stare insieme, si trovò incinta per opera dello Spirito Santo. Allora Giuseppe, suo sposo, che era uomo giusto e non voleva esporla ad infamia, deliberò di lasciarla segretamente. Ma, mentre rifletteva su queste cose, ecco che un angelo del Signore gli apparve in sogno, dicendo: «Giuseppe, figlio di Davide, non temere di prendere con te Maria come tua moglie, perché ciò che è stato concepito in lei è opera dello Spirito Santo. Ed ella partorirà un figlio e tu gli porrai nome Gesù, perché egli salverà il suo popolo dai loro peccati»".

Gesù era il discendente di Davide, secondo la Sua genealogia, (Matteo 1; Luca 3:23-37) ma non aveva natura peccaminosa perché concepito dallo Spirito Santo prima che Maria si unisse a Giuseppe.

Dopo che Adamo peccò, i suoi discendenti ereditarono la sua natura e ciò prosegue ancora fino al giorno d'oggi con noi. Ognuno di noi nasce quindi avendo in sé ciò che è definito "Peccato Originale", ereditato dai suoi genitori e per il quale tutti i discendenti del primo uomo sono peccatori e non possono riscattare altri uomini.

Dio Padre pianificò che Suo Figlio Gesù fosse concepito dallo Spirito Santo, nell'utero della vergine Maria, per diventare carne e venire in questo mondo, senza essere discendente di Adamo. Anche la seconda qualifica richiesta al Redentore, è pienamente rispettata.

Terzo, il Redentore deve avere il potere per vincere il Diavolo

Levitico 25:26-27 prosegue nella descrizione della figura redentrice:

E se uno non ha chi possa riscattare la sa proprietà, ma giunge a procurarsi da sé la somma necessaria al riscatto, conterà le annate trascorse e rifonderà al compratore l'importo degli anni che ancora rimangono, e rientrerà così nella sua proprietà.

In breve, un redentore doveva avere il potere per riacquistare la terra venduta.

Un uomo povero non può pagare il debito del suo amico, anche se desidera farlo. Allo stesso modo il Redentore, per riscattare tutti gli uomini dal peccato, non doveva avere né alcun debito, né alcun peccato: questo è un punto di forza nel regno spirituale.

Doveva avere il potere per vincere il nemico, Satana, e ripristinare l'autorità perduta di Adamo; ovvero, non doveva essere macchiato dal peccato originale, tanto meno dal peccato personale. Solamente un redentore innocente e puro, sarebbe stato in grado di liberare tutti gli uomini dal diavolo e vincerlo.

Era senza peccato Gesù?

Concepito dallo Spirito Santo, Egli non possedeva il peccato originale; inoltre, rispettò pienamente la legge del Padre perché crebbe sotto il controllo di genitori che Lo temevano ed adempì la legge con amore. Fu circonciso all'ottavo giorno dalla Sua nascita (Luca 2:21), non commise mai peccato ed obbedì unicamente la volontà divina, fino alla Sua crocifissione quando aveva solo 33 anni (1° Pietro 2:22-24; Ebrei 7:26).

Gesù può sconfiggere il diavolo e riscattare tutti gli uomini, perché la Sua "mancanza di peccato" fu testimoniata attraverso molte opere potenti da Lui compiute: cacciò i demoni, diede la vista ai ciechi e l'udito ai sordi, fece camminare gli zoppi e guarì ogni sorta di malattie incurabili. Una brutta tempesta si calmò ed un fortissimo vento si fermò, quando Gesù li rimproverò dicendo: "Taci e calmati!" (Marco 4:39).

Anche il terzo requisito è presente in Gesù Redentore.

Infine, il Redentore deve avere un amore sacrificale

Per quanto oltremodo ricco, un uomo non potrebbe riscattare niente e nessuno se non avesse amore per colui che ha venduto la terra. Il Redentore, quindi, deve amare i peccatori al punto di sacrificarsi per loro, risolvendo una volta per sempre il problema del peccato.

Nel libro di Ruth 4:1-6, Boaz era ben consapevole della povertà di Naomi e lo disse al suo parente più stretto (un redentore) per sapere se volesse ricomprare la sua terra. Ma quest'uomo rifiutò, dicendo a Boaz: *"Io non posso riscattarlo per me perché rovinerei la mia propria eredità, riscatta tu ciò che avrei dovuto riscattare io, perché io non lo posso riscattare"*. Non ricomprò la terra per le due vedove, anche se ricco abbastanza da poterlo fare, perché non aveva amore sacrificale cioè, capace e pronto ad affrontare quanto richiesto da quella decisione. Boaz, invece, il secondo parente prossimo più vicino, riscattò la terra perché aveva amore tale per compiere questo atto così importante.

Costui divenne il redentore legale e sposò Ruth perché in lui vi era sufficiente affetto per riprendere la terra di Naomi. Il figlio nato dalla unione tra Boaz e Ruth, divenne il nonno di re Davide, da cui proviene il lignaggio della famiglia di Gesù.

Gesù fu crocifisso in amore. Egli era la Parola, ma diventò carne e abitò su questa terra. Non era discendente di Adamo perché fu concepito attraverso lo Spirito Santo e quindi, nacque senza il peccato originale: ebbe il potere di riscattare tutti gli uomini dal peccato perché Egli era innocente.

Nonostante in possesso delle altre tre qualifiche, non sarebbe diventato il Redentore senza provare l'amore spirituale e sacrificale. Per riscattarci, ha dovuto prendere su di Sé la punizione del peccato, destinata a cadere inevitabilmente su tutti i trasgressori.

Per salvare l'umanità doveva essere trattato come il peggiore e più pericoloso criminale del mondo ed essere appeso su una rozza croce di legno; doveva essere insultato, beffeggiato e versare tutto il Suo sangue fino a che dal Suo fianco non uscisse altro che acqua: doveva pagare un prezzo altissimo e compiere un immane sacrificio.

In tutta la storia umana, non si può trovare un caso in cui un principe irreprensibile muore per il suo popolo malvagio ed insensato. Gesù è l'unico e solo Figlio dell'Eccelso Dio, Re di re, Signore dei signori e Padrone di tutta la creazione: così grande, nobile ed ineccepibile, Egli versò il Suo sangue per noi. Che amore incommensurabile!

Il nostro Redentore, compì solamente buone opere nell'arco della Sua vita: rilasciò il perdono ai peccatori, guarì qualunque tipo di persona ammalata, liberò molti dai demoni, condivise la Buona Novella di pace, gioia, amore e donò alle persone la salvezza ed una speranza sincera per il cielo. Al di sopra di tutto, diede la Sua propria vita per noi peccatori.

Romani 5:7-8 conferma questo atto d'amore: *"Difficilmente infatti qualcuno muore per un giusto; forse qualcuno ardirebbe morire per un uomo dabbene. Ma Dio manifesta il suo amore verso di noi in questo che, mentre eravamo ancora peccatori, Cristo è morto per noi"*. Dio Padre ha mandato il Suo unico e solo Figlio Gesù sulla croce per noi, che non siamo né giusti, né buoni e manifestò in questo modo il Suo grande amore.

Perciò io prego, nel nome del Signore, che tu possa capire che non sarai salvato nel nome di chiunque all'infuori del nome di Gesù Cristo; puoi guadagnarti il diritto di divenire figlio di Dio solo accettandoLo, godendo per sempre una vita trionfante nella certezza della salvezza del tuo Redentore!

Capitolo 5

PERCHÉ GESÙ È IL NOSTRO UNICO SALVATORE?

- La Salvezza provveduta attraverso
  Gesù Cristo
- Perché sospeso alla Croce di Legno?
- Nessun altro Nome al Mondo,
  solo quello di "Gesù Cristo"

"Questi è la pietra che è stata da voi edificatori rigettata e che è divenuta la testata d'angolo, e in nessun altro vi è la salvezza, poiché non c'è alcun altro nome sotto il cielo che sia dato agli uomini, per mezzo del quale dobbiamo essere salvati."

Atti 4 :11-12

Amerai Dio con tutto il tuo cuore quando ti renderai conto della Sua profonda e premurosa provvidenza per la coltivazione umana. Inoltre, ammirerai il Suo amore e la Sua saggezza quando comprenderai il favore ottenuto con la salvezza attraverso Gesù Cristo.

Com'era e cos'era dunque, questo beneficio divino, nascosto prima della fondazione dei tempi e completato in seguito attraverso il Figlio di Dio? Ho detto precedentemente e lo ripeto, che l'Iddio della giustizia aveva preparato Colui che era stato riconosciuto idoneo per riscattare ogni uomo secondo la legge spirituale e che nessun altro sotto il cielo avrebbe potuto soddisfare quella qualifica se non Gesù.

Egli è il solo e l'unico tra gli uomini non discendente da Adamo perché, anche se vissuto sulla terra in carne ed ossa, fu concepito dallo Spirito Santo; inoltre, aveva il potere e l'amore per riscattare ogni persona. Quindi ha potuto aprire la via della salvezza a tutti gli esseri umani attraverso la Sua crocifissione.

In Atti 4:12 è quindi enunciato: *"E in nessun altro vi è la salvezza, poiché non c'è alcun altro nome sotto il cielo che sia dato agli uomini, per mezzo del quale dobbiamo essere salvati"*. Chiunque accetta Gesù Cristo e crede in Lui è perdonato da tutti i peccati, salvato dalle tenebre e condotto alla luce ricevendo l'autorità e le benedizioni di figlio di Dio.

Ora spiegherò perché per ottenere salvezza e ricevere quanto esposto sopra, bisogna credere in Gesù, il Crocifisso.

La Salvezza provveduta attraverso Gesù Cristo

Dio preparò la via della redenzione prima della fondazione dei tempi. Il libro della Genesi profetizza di Gesù e del segreto riguardo alla salvezza dell'umanità attraverso la croce.

Genesi 3:14-15 proferisce:

> *"Allora l'Eterno DIO disse al serpente: «Poiché hai fatto questo, sii maledetto fra tutto il bestiame e fra tutte le fiere dei campi! Tu camminerai sul tuo ventre e mangerai polvere tutti i giorni della tua vita. E io porrò inimicizia fra te e la donna e fra il tuo seme e il seme di lei; esso ti schiaccerà il capo, e tu ferirai il suo calcagno»."*

Come ho espresso prima, spiritualmente "il serpente" si riferisce al nemico, Satana; "mangerai la polvere" simboleggia il suo regnare sugli uomini, che furono creati dalla polvere della terra; la "donna" indica "Israele" e "la sua discendenza" si riferisce a Gesù Cristo. La frase "il serpente ferirà il suo calcagno" significa che Gesù sarebbe stato crocifisso ed infine, "la discendenza della donna ti schiaccerà il capo" implica il fatto che Gesù Cristo avrebbe conquistato il campo del nemico risuscitando dalla morte.

Il nemico, Satana, non percepiva il piano di Dio

L'Eterno aveva celato il piano della salvezza, perché Satana, per quanto avesse cercato di uccidere la discendenza della donna prima di esserne schiacciato, non ne venisse a conoscenza o potesse carpirne anche una minima parte. Il nemico pensava di possedere eternamente l'autorità estorta ad Adamo, ma non sapendo chi fosse il legittimo discendente della donna, tentò di uccidere fin dai tempi del Vecchio Testamento, i profeti amati dall'Eterno.

Quando nacque Mosè, Satana spinse il Faraone, re d'Egitto, ad uccidere ogni bambino nato da donne israelite (Esodo 1:15-22). Quando Gesù fu concepito dallo Spirito Santo per nascere poi sulla terra in carne, il nemico spinse re Erode a compiere lo stesso tremendo atto.

Dio, che conosceva già i suoi piani, intervenne: un Suo angelo apparve in sogno a Giuseppe e lo avvertì dicendogli di andare in Egitto col Bambino e Sua madre dove, grazie all'Eterno, la famiglia visse fino alla morte di re Erode.

Dio permise la crocifissione di Gesù

Gesù crebbe sotto la protezione divina ed all'età di 30 anni intraprese il Suo ministero: andò in tutta la Galilea insegnando nelle sinagoghe, guarì ogni tipo di malattia e infermità fra le persone, fece risorgere i morti e predicò il Vangelo ai poveri (Matteo 4:23, 11:5).

Satana intanto macchinò un abile piano influenzando il sommo sacerdote, gli insegnanti della legge ed i farisei per ucciderLo. Sappiamo comunque dalla Bibbia, che nemmeno un uomo malvagio avrebbe potuto toccarLo, perché tutti gli eventi della Sua vita ebbero luogo sotto la provvidenza di Dio.

Il Padre permise a Satana di crocifiggere il Figlio, solo dopo tre anni di ministero; di conseguenza, Gesù portò una corona di spine, soffrì in modo indescrivibile mentre Gli inchiodarono mani e piedi, e morì sulla croce.

La crocifissione è la condanna a morte cruenta, più crudele di tutte; il nemico fu grandemente compiaciuto dell'uccisione di Gesù. Cantò gioiosamente vittoria perché convinto di continuare a regnare sul mondo, come se ormai nessuno potesse più contrastare il suo regime. Eppure, c'era ancora la segreta ed ignota provvidenza di Dio.

Satana spezzò la Legge spirituale

Dio, il Giusto, non usa il Suo potere supremo ed assoluto contro la legge. Su questa base, prima della fondazione dei tempi, preparò la via della salvezza attraverso la legge spirituale, perché Egli compie ogni cosa per mezzo di essa.

Se per tale legge il salario del peccato è la morte (Romani 6:23), logicamente nessuno va incontro alla morte se non ha peccato, tuttavia Satana condannò e crocifisse Gesù che era irreprensibile, puro e senza peccato (1° Pietro 2:22-23). Facendo questo, il nemico spezzò la legge spirituale e fu ingannato dal suo proprio piano malvagio. Inverosimilmente, divenne strumento per la salvezza dell'uomo, progettata da Dio ed il discendente della donna gli schiacciò il capo, come profetizzato in Genesi.

Generalmente un serpente vive anche quando gli si distrugge la coda o gli si taglia una parte del corpo, ma non può continuare ad esistere se gli si schiaccia la testa. Perciò la frase "Ed io porrò inimicizia fra te e la donna e fra il tuo seme e il seme di lei; esso ti schiaccerà il capo, e tu ferirai il suo calcagno" vuol dire che Satana avrebbe perso il suo potere e la sua autorità a causa di Gesù Cristo. Il serpente che ferisce il tallone del discendente della donna, spiritualmente significa che il nemico avrebbe crocifisso Gesù ed anche questo fu adempiuto esattamente come narrato in Genesi 3:15.

La salvezza attraverso la crocifissione di Gesù

La via della salvezza, nascosta per lungo tempo, fu adempiuta quando Gesù risuscitò nel terzo giorno successivo alla Sua morte.

Circa seimila anni fa Adamo ha dovuto cedere a Satana l'autorità conferitagli da Dio, e ripeto, questo è avvenuto perché l'uomo spezzò la legge spirituale per via della sua disubbidienza. (Luca 4:6). Tuttavia, quattromila anni dopo, il nemico ha percorso la via della distruzione spezzando a sua volta, quella stessa legge.

A motivo di ciò ha dovuto lasciare andare coloro che hanno accettato Gesù come proprio Redentore, creduto nel Suo nome e ricevuto così il diritto di diventare figli di Dio. Se avesse compreso la grande sapienza divina, Satana avrebbe mai crocifisso Gesù? Mai. In 1° Corinzi 2:8 ci viene ricordato che: *"...nessuno dei dominatori di questa età ha conosciuta; perché, se l'avessero conosciuta, non avrebbero crocifisso il Signore della gloria"*.

Coloro che al giorno d'oggi non afferrano questa realtà, si chiedono "Perché l'Eccelso Dio non ha potuto proteggere Suo Figlio dalla morte? Perché L'ha lasciato morire sulla croce?".

Comprendendo la provvidenza della croce, invece, avrebbero piena luce sul perché Gesù doveva essere crocifisso e perché, dopo la Sua trionfante vittoria sul diavolo, sarebbe diventato il Re di re, il Signore dei signori. Così, chiunque crede in Gesù Salvatore, morto sulla croce e risuscitato tre giorni più tardi per riscattare gli uomini da ogni peccato, può essere dichiarato giusto, può essere salvato.

Perché sospeso alla Croce di Legno?

Perché mai Gesù ha dovuto essere sospeso ad una croce di legno? E perché la croce doveva essere di legno? Fra tanti metodi di esecuzione che esistono, Gesù morì su una croce di legno, e secondo Galati 3:13-14 vi sono tre ragioni spirituali per cui Egli fu posto su di essa.

Primo, per riscattarci dalla maledizione della Legge

Galati 3:13 rilascia questa dichiarazione: *"Cristo ci ha riscattati dalla maledizione della legge, essendo diventato maledizione per noi (poiché sta scritto: «Maledetto chiunque è appeso al legno»)"*. Da queste parole si evince che Gesù si è caricato della nostra maledizione proprio perché appeso su una croce di legno.

Tutti gli uomini furono maledetti e destinati ad andare verso la morte a causa della trasgressione del primo uomo ed in Romani 6:23 infatti è scritto: "il salario del peccato è la morte, ma il dono di Dio è la vita eterna in Cristo Gesù, nostro Signore".

Dio diede quindi Suo Figlio e ne permise la morte su quella croce di legno, per riscattare l'umanità dalla maledizione della legge (Deuteronomio 21:23).

Inoltre, Gesù sparse il Suo sangue prezioso sulla croce. Osserva i versi 11 e 14 di Levitico 17.

> *Poiché la vita della carne è nel sangue. Per questo vi ho ordinato di porlo sull'altare per fare l'espiazione per le vostre vite, perché è il sangue che fa l'espiazione per la vita (v. 11).*

> *... il suo sangue sostiene la sua vita... (v. 14)*

L'autore di Levitico scrive che la vita è sangue, perché ogni creatura ne ha bisogno per vivere e senza di esso vi è morte certa.

Quando si muore, la carne ritorna alla polvere e l'anima va o in cielo o all'inferno. Per ricevere la vita eterna, bisogna essere perdonati da tutti i peccati; perché questo avvenga, occorre uno spargimento di sangue e in Ebrei 9:22 leggiamo: *"Secondo la legge, quasi tutte le cose sono purificate col sangue; e senza spargimento di sangue non c'è perdono dei peccati"*. Nel tempo del Vecchio Testamento le persone dovevano offrire il sangue di animali ogni volta che peccavano. Gesù ha dovuto spargere il Suo sangue prezioso una volta e per sempre, affinché gli uomini ricevessero perdono e vita eterna attraverso di Lui, il solo senza la macchia de peccato originale e senza peccato personale.

Se vuoi, anche tu puoi ricevere la vita eterna attraverso il sangue prezioso del Salvatore, morto al posto tuo per farti accedere alla posizione di figlio di Dio.

Secondo, per riversare su di noi la benedizione di Abrahamo

In Galati 3:14 più precisamente la prima metà del verso, leggiamo: *"Affinché la benedizione di Abrahamo pervenisse ai gentili in Cristo Gesù";* questo vuol dire che Dio riversa la benedizione data ad Abrahamo non solo sugli israeliti, ma anche su tutti i gentili che accettando Gesù come loro personale Salvatore, sono dichiarati giusti.

Abrahamo fu chiamato "Padre della Fede" e "Amico di Dio", fu inoltre benedetto con figli, salute, lunga vita, ricchezza e così via. La ragione di questa benedizione è scritta in Genesi 22:16-18:

> *"Io giuro per me stesso, dice l'Eterno, poiché tu hai fatto questo e non hai risparmiato tuo figlio, l'unico tuo figlio, io certo ti benedirò grandemente e moltiplicherò la tua discendenza come le stelle del cielo e come la sabbia che è sul lido del mare; e la tua discendenza possederà la porta dei suoi nemici. E tutte le nazioni della terra saranno benedette nella tua discendenza, perché tu hai ubbidito alla mia voce."*

Quest'uomo ubbidì a quanto Dio gli disse: *"Vattene dal tuo paese, dal tuo parentado e dalla casa di tuo padre, nel paese che io ti mostrerò."* (Genesi 12:1). Acconsentì senza alcuna scusa o lamentela anche quando gli si impose con queste parole:

"Prendi ora tuo figlio, il tuo unico figlio, colui che tu ami, Isacco, va' nel paese di Moriah e là offrilo in olocausto sopra uno dei monti che io ti dirò". Questo fu possibile ad Abrahamo perché era certo che Dio poteva far rivivere i morti (Ebrei 11:19); per questa sua fede così stabile, egli fu una grande benedizione e gli venne dato l'appellativo di padre della fede.

I figli di Dio, coloro che hanno accettato Gesù come Salvatore, dovrebbero avere questa stessa fede. Se anche tu sei tra i Suoi figli, potrai darGli gloria ricevendo ogni benedizione della terra.

Terzo, per darci la promessa dello Spirito

Galati 3:14 prosegue con queste parole: *"... perché noi ricevessimo la promessa dello Spirito mediante la fede",* cioè chiunque crede che Gesù morì sulla croce di legno per tutti gli esseri umani, è reso libero dalla maledizione della legge e ottiene la promessa dello Spirito Santo. Accettando Gesù come Salvatore, si riceve l'autorità di figlio di Dio e lo Spirito Santo come dono ed assicurazione (Giovanni 1:12; Romani 8:16).

Dal momento in cui ricevi lo Spirito Santo puoi rivolgerti a Dio chiamandoLo "Abba, Padre" (Romani 8:15), il tuo nome viene scritto nel Libro della Vita in cielo (Luca 10:20) e ti è rilasciata la cittadinanza del cielo (Filippesi 3:20). Lo Spirito, il quale non è altro che il cuore e la forza di Dio, infatti ti guida verso la vita eterna aiutandoti a capire la Parola di Dio ed a vivere con fede secondo essa.

Avrai piena salvezza quando, dichiarato che Gesù è il tuo Salvatore, crederai nel tuo cuore che Egli ha spezzato l'autorità della morte risuscitando. Romani 10:9 ce ne dà la piena conferma:

"Poiché se confessi con la tua bocca il Signore Gesù, e credi nel tuo cuore che Dio lo ha risuscitato dai morti, sarai salvato".

Dio diede vita al Suo grande piano prima della fondazione dei tempi, perché coloro i quali avessero creduto in Gesù come personale Salvatore, fossero uniti al Padre e condotti alla salvezza. Questo piano è meraviglioso e misterioso. Considera che per il peccato del primo uomo, saremmo tutti destinati alla morte secondo la legge del regime spirituale la cui implicazione è che "il salario del peccato è la morte"; ma poiché Satana la violò, l'uomo adesso può essere salvato e liberato dalla maledizione di tale legge, proprio dalla stessa, in fede.

Ogni individuo ha dovuto patire dolore, guai e morte rilasciati dal diavolo durante la schiavitù determinata dalla disubbidienza adamitica; ma accettando Gesù come il Salvatore e ricevendo lo Spirito Santo, egli può guadagnare salvezza, vita eterna, risurrezione e benedizioni traboccanti.

Privilegi e benedizioni dei figli di Dio

Chiunque apre il suo cuore ed accetta Gesù Cristo è perdonato, riceve il diritto di diventare figlio di Dio, ha pace e gioia nel cuore. Tutto questo, voglio ripeterlo, è possibile perché Gesù essendo crocifisso, prese una volta e per sempre tutti i nostri peccati su di Sé. Nel Salmo 103:12 è sottolineato che: *"Quanto è lontano il levante dal ponente, tanto ha egli allontanato da noi le nostre colpe"*, ed in Ebrei 10:17-18 ancora: *"...aggiunge: «E non mi ricorderò più dei loro peccati e delle loro iniquità». Ora, dove c'è il perdono di queste cose, non c'è più offerta per il peccato".*

Non c'è niente al mondo da comparare ai privilegi dei figli di Dio, dati loro per fede. In questo mondo privilegi e diritti dei figli di un re o di un presidente sono molto influenti; quanto più smisurati sono allora, quelli dei figli del Dio Creatore, che domina e governa sul mondo, la storia dell'umanità e l'universo?

"Gesù è il mio Salvatore", è una bella dichiarazione, che però non è considerata dal Signore come fede vera: devi capire chi è Gesù Cristo, perché è Lui l'unico Salvatore e fare di questa conoscenza la base della tua fede. Con essa, puoi realizzare la provvidenza di Dio nascosta nella croce, confessare "Cristo è il Signore ed il Figlio del Dio vivente", e ancora di più, potrai vivere secondo la volontà divina; senza di essa, però, ti sarà molto difficile avere questa fede che viene dal cuore e vivere secondo la Parola di Dio. Ecco perché in Matteo 7:21 Gesù ci insegna: *"Non chiunque mi dice: «Signore, Signore» entrerà nel regno dei cieli; ma chi fa la volontà del Padre mio che è nei cieli"*. Egli ha dichiarato esplicitamente che solo coloro i quali Lo proclamano "Signore, Signore" e vivono nella Sua volontà, essendo fondati nella Sua Parola, saranno salvati.

Nessun altro Nome al Mondo, solo quello di "Gesù Cristo"

Il libro degli Atti capitolo 4, ritrae la scena in cui Pietro e Giovanni testimoniano audacemente il nome di Gesù Cristo di fronte al Sinedrio. Poiché credevano sinceramente che non ci fosse un altro nome, all'infuori di quello di Gesù Cristo, attraverso il quale gli uomini possono giungere alla salvezza, Pietro, "ripieno dello Spirito Santo", fu riempito di potenza per proclamare che "In nessun altro vi è la salvezza, poiché non c'è alcun altro nome sotto il cielo che sia dato agli uomini, per mezzo del quale dobbiamo essere salvati".

E dunque, quali sono le implicazioni spirituali che si trovano nel "nome di Gesù Cristo"? E perché Dio non ce ne ha dato nessun altro se non quello del Suo Figliolo, attraverso il quale possiamo raggiungere la salvezza?

La differenza tra "Gesù" e "Gesù Cristo"

Atti 16:31 pronuncia una bella promessa: *"Credi nel Signore Gesù Cristo, e sarai salvato tu e la casa tua"*. C'è un'importante ragione per cui questo verso dice "Signore Gesù Cristo" e non semplicemente "Gesù".

Qui, "Gesù" si riferisce ad un uomo che avrebbe salvato il Suo popolo dal loro peccato; "Cristo" è un sostantivo greco, in ebraico "Messiah", che significa "Colui che fu unto" (Atti 4:27), e si riferisce al Salvatore, il Mediatore tra Dio e l'uomo. Il punto è questo, "Gesù" è il nome del futuro Salvatore, "Cristo" è il nome del Salvatore che ci ha redenti.

Durante i tempi del Vecchio Testamento Dio ungeva persone destinate a diventare re, sacerdoti o profeti, attraverso l'olio che veniva versato sul loro capo (Levitico 4:3; 1° Samuele 10:1; 1° Re 19:16). L'olio simboleggia lo Spirito Santo, perciò, ungere qualcuno significa rilasciare lo Spirito Santo sulla persona eletta da Dio.

Gesù fu unto Re, Sommo Sacerdote e Profeta; venne a questo

mondo in un corpo di carne per salvare tutti gli esseri umani, secondo la provvidenza di Dio concepita prima della fondazione dei tempi. Egli fu crocifisso per riscattarci e divenne il nostro Salvatore risorgendo nel terzo giorno. Di conseguenza, Gesù è il Redentore che ha compiuto la provvidenza di Dio per la nostra salvezza, ovvero, è il Cristo.

Fino alla Sua crocifissione ci riferiamo a Lui come "Gesù", ma dopo la Sua risurrezione, ci rivolgiamo a Lui come a "Gesù Cristo", "Signore Gesù" o "Signore".

Devi sapere che c'è una grande differenza di potenza tra i nomi "Gesù" e "Gesù Cristo". Il primo, Gesù, è il nome con cui fu chiamato prima che adempiesse alla provvidenza della salvezza e Satana non lo teme più di tanto. "Gesù Cristo" invece, implica le seguenti tre caratteristiche: il sangue che ci ha riscattati dai peccati, la risurrezione che ha spezzato l'autorità della morte, la vita eterna. Di fronte a questo nome Satana trema di paura.

Molte persone trascurano questo fatto perché non capiscono la differenza, ma è vero che la risposta di Dio sarà diversa a seconda del nome che si invoca (Atti 3:6).

Quando preghi Dio nel nome del nostro Signore Gesù Cristo e ti ricordi di questo concetto, condurrai una vita vittoriosa, abbondante di risposte e del Suo aiuto divino.

La completa obbedienza di Gesù

Sebbene la Sua natura fosse quella di Dio, il Figlio, non considerò questa parità come qualcosa a cui aggrapparsi o da ostentare, anche se ne avesse il pieno diritto; al contrario, fece di

Sé stesso un nulla; prese l'umile posizione di servo ed apparve in forma di essere umano.

Un buon servitore non ha volontà propria, ma lavora secondo quella del padrone ed il suo dovere è ubbidire agli ordini di quest'ultimo, che siano o meno in linea con lui ed i suoi sentimenti. Gesù ubbidì alla volontà di Dio col cuore di un buon servo e così poté portare a termine la Sua missione per la salvezza umana.

Il Padre, esaltò il Figlio che rispettò pienamente il Suo programma dicendo "Si ed Amen" ai luoghi celesti, lasciando che molte persone potessero confessare la Sua signoria.

> *"Perciò anche Dio lo ha sovranamente innalzato e gli ha dato un nome che è al di sopra di ogni nome, affinché nel nome di Gesù si pieghi ogni ginocchio delle creature (o cose) celesti, terrestri e sotterranee, e ogni lingua confessi che Gesù Cristo è il Signore, alla gloria di Dio Padre." (Filippesi 2:9-11).*

Il Nome "Signore Gesù" testimonia la potenza di Dio

Giovanni 1:3 ribadisce: *"Tutte le cose sono state fatte per mezzo di lui (la Parola), e senza di lui nessuna delle cose fatte è stata fatta"*. Siccome nel mondo tutto è stato creato attraverso Gesù, Questi ha tutta l'autorità come Creatore, di regnare su ogni cosa fatta. Al Suo comando, oggetti ed elementi Gli ubbidivano: un vento tempestoso e le onde si calmarono al Suo ordine, un albero di fico seccò nel momento stesso in cui Egli lo maledisse.

Gesù aveva l'autorità di perdonare i peccati e salvare i peccatori dalla punizione dei loro errori. In Matteo 9:2 leggiamo quanto disse ad un paralitico: *"Figliolo, fatti animo, i tuoi peccati ti sono perdonati!"* e nel verso 6: *"Affinché sappiate che il Figlio dell'uomo ha autorità in terra di perdonare i peccati: Alzati (disse al paralitico), prendi il tuo letto e vattene a casa tua!"*.

Aveva anche il potere di guarire qualsiasi genere di malattia, handicap e di compiere risurrezioni. Il capitolo 11 di Giovanni, narra di un morto, uscito dalla tomba con mani e piedi avvolti da bende di lino, nel momento in cui Gesù disse ad alta voce: "Lazzaro, esci fuori!". Lazzaro, era defunto da ben quattro giorni ed emanava un cattivo odore, nonostante tutto uscì dalla tomba come un uomo in buona salute.

Allo stesso modo, Gesù può darti qualunque cosa tu chiedi con fede perché Lui possiede la meravigliosa potenza di Dio.

Gesù Cristo, l'Amore di Dio

In 1° Giovanni 4:10 troviamo questo concetto: *"In questo è l'amore: non che noi abbiamo amato Dio, ma che lui ha amato noi e ha mandato il suo Figlio per essere l'espiazione per i nostri peccati"*. Dio ci mostrò il Suo stupendo amore mandando il Suo unico e solo Figlio come sacrificio d'espiazione, mentre noi eravamo ancora peccatori. Sopportò un immenso dolore per aprire la via della salvezza umana, mentre il Suo amato Figlio fu inchiodato sulla croce e versò il Suo sangue. Come si è sentito il Dio d'amore in quel frangente così tremendo? Seduto nel Suo alto trono non riuscì a guardare. Matteo 27:51-54 esprime la Sua enorme sofferenza al momento della crocifissione:

"Ed ecco, il velo del tempio si squarciò in due, da cima a fondo; la terra tremò e le rocce si spaccarono; i sepolcri si aprirono e molti corpi dei santi, che dormivano, risuscitarono; e, usciti dai sepolcri dopo la risurrezione di Gesù, entrarono nella santa città e apparvero a molti. Ora il centurione e quelli che con lui facevano la guardia a Gesù, veduto il terremoto e le cose accadute, temettero grandemente e dissero: «Veramente costui era il Figlio di Dio!»."

Questo passaggio dimostra chiaramente che Gesù non fu crocifisso a causa dei Suoi propri peccati, ma per il grande amore di Dio verso gli uomini, per dare loro salvezza; eppure, nonostante tutto, molte persone non accettano o non capiscono questo sorprendente atto.

Dopo la disubbidienza di Adamo, gli esseri umani non potevano avvicinarsi a Dio, e diventarono così uomini dalla natura peccaminosa. Gesù venne sulla terra come Mediatore tra Dio e noi, per elargirci le benedizioni dell'Emmanuele (Matteo 1:23): attraverso il Suo dolore e la Sua sofferenza sulla croce, noi guadagniamo vera pace e vero riposo.

Io spero tu possa comprendere il grande amore di Dio manifestato nel Suo unico Figlio come mezzo di riscatto, per redimerci dal peccato e dalla morte eterna. Ho anche fiducia che tu possa realizzare l'amore sacrificale di Gesù, che per quanto irreprensibile, fu crocifisso al posto nostro aprendoci la via della salvezza.

Capitolo 6

LA PROVVIDENZA DELLA CROCE

- Nato in una Stalla e posto in una Mangiatoia
- Vita di Gesù nella Povertà
- Flagellato, versò il Suo Sangue
- Corona di Spine
- I Vestiti e gli Indumenti di Gesù
- Inchiodato Mani e Piedi
- Gambe integre, Fianco trafitto

Eppure egli portava le nostre malattie e si era caricato dei nostri dolori; noi però lo ritenevamo colpito, percosso da DIO ed umiliato. Ma egli è stato trafitto per le nostre trasgressioni, schiacciato per le nostre iniquità; il castigo per cui abbiamo la pace è caduto su di lui, e per le sue lividure noi siamo stati guariti. Noi tutti come pecore eravamo erranti, ognuno di noi seguiva la propria via, e l'Eterno ha fatto ricadere su di lui l'iniquità di noi tutti.

Isaia 53 :4-6

Nel progetto di Dio, il ruolo più importante è stato affidato a Gesù, venuto a noi in carne ed ossa, per essere afflitto con ogni genere di sofferenza e infine, morire sulla croce. Grazie a tutto ciò, Egli portò a termine il piano per il quale gli uomini possono ottenere salvezza e diventare figli veri.

La provvidenza divina della croce ha un significato spirituale e profondo: Gesù, l'unico e solo Figlio di Dio, abbandonando la gloria del cielo nacque in una stalla, luogo per animali, e visse in povertà tutta la vita.

Fu fustigato, inchiodato mani e piedi, portò una corona di spine ed essendoGli stato forato il fianco con una lancia, sparse sangue ed acqua: ogni sofferenza da Lui vissuta, contiene in sé l'amore travolgente di Dio.

Una volta compreso pienamente il significato spirituale della croce e delle sofferenze di Gesù, il tuo cuore sarà certamente mosso dall'amore divino ed allora avrai la fede vera. Potrai ricevere risposte a tutti i guai della tua vita come povertà, malattia e ti sarà dato anche il regno eterno del cielo.

Nato in una Stalla e posto in una Mangiatoia

Gesù, mera natura di Dio, era il padrone di tutte le cose

esistenti ed era l'essere più glorioso dell'universo. Ciononostante, venne in questo mondo con un corpo di carne per riscattare gli esseri umani dal peccato e condurli alla salvezza.

Come unico Figlio dell'Onnipotente Dio Creatore, perché non nacque allora in un luogo lussuoso o almeno in una comoda stanza? Sarebbe forse mancata al Padre la possibilità di farLo venire alla luce in un ambiente sfarzoso? Perché, invece, Gli ha preparato una stalla ed ha permesso che fosse posto in una mangiatoia?

C'è un profondo significato spirituale in questo. Spiritualmente, Gesù nacque nella maniera più gloriosa; anche se le persone non potevano vederlo coi loro occhi fisici, Dio fu così tanto compiaciuto della nascita del Figlio che Lo circondò con luci di gloria nella presenza del grande esercito celeste e degli angeli. Puoi avere un'idea della Sua emozione leggendo Luca 2:14, che pronuncia quanto segue: *"Gloria a Dio nei luoghi altissimi, e pace in terra agli uomini, su cui si posa il suo favore"*. Dio aveva preparato anche i buoni pastori ed i Magi d'oriente, guidandoli per andare ad adorare il bambino Gesù.

Lode ed adorazione ebbero luogo perché Gesù, col Suo arrivo in questo mondo, avrebbe aperto la porta della salvezza; perché, tramite Lui, una grande moltitudine di persone sarebbe entrata nell'eternità del cielo come figli di Dio; e perché il Figlio per eccellenza, sarebbe diventato Re dei re e Signore dei signori.

La provvidenza di Dio nascosta nella nascita di Gesù

Quando Gesù nacque, Cesare Augusto pubblicò

un'ordinanza che dava luogo ad un censimento nell'intero Impero Romano. Gli ebrei erano sotto la legge coloniale di Roma e per l'occasione, osservando il comando di Cesare, dovettero andare nelle proprie città di nascita per registrarsi.

Anche Giuseppe dovette spostarsi perché apparteneva alla casa ed alla genealogia di Davide, e con la sua fidanzata Maria andò quindi dalla cittadina di Nazareth in Galilea alla città di re Davide, Betlemme. Maria, promessa a Giuseppe, aveva già concepito un bambino per mezzo dello Spirito Santo qualche tempo prima della delibera imperiale e si trovò così a partorire il primogenito Gesù durante il loro soggiorno nella città natale del re Davide, Betlemme, il cui nome significa "ricchezza" (1 Samuele 16:1).

Michea 5:2 è una scrittura molto nota: *"Ma tu, o Betlemme Efratah, anche se sei piccola fra le migliaia di Giuda, da te uscirà per me colui che sarà dominatore in Israele, le cui origini sono dai tempi antichi, dai giorni eterni"*. Di essa fu profetizzato che sarebbe stata la patria del Messia.

In quei giorni non c'era posto per Maria e Giuseppe nelle locande di Betlemme, perché migliaia di persone vi si erano recate per via del censimento: è proprio là, in una stalla, che Maria partorì il bambino; Lo avvolse con alcune fasce di stoffa e Lo pose in una mangiatoia, un contenitore di forma rettangolare dove si versava il cibo per alimentare mucche e cavalli.

Ma perché Gesù, il Salvatore degli uomini, nacque in una maniera talmente modesta ed umile?

Redimere uomini o riscattare animali?

In Ecclesiaste 3:18 leggiamo con attenzione: *"Riguardo alla condizione dei figli degli uomini, DIO li mette alla prova, perché essi stessi si rendano conto che sono come bestie"*. Gli uomini hanno perso l'immagine di Dio ed ai Suoi occhi sono diventati come animali. Adamo, il primo uomo, all'origine era un essere vivente creato a sembianza divina e l'uomo spirituale era in lui, perché Dio gli aveva insegnato solamente e nient'altro che la Parola della verità.

Eludendo il comando del suo Creatore, mangiò ugualmente il frutto dell'albero della conoscenza del bene e del male: il suo spirito morì e non poté più comunicare con Lui e nemmeno governare sulla creazione. Istigato da Satana, l'uomo seguì la natura peccaminosa ed il suo cuore puro e veritiero, divenne impuro e falso.

Nella vita quotidiana, può esserti capitato di sentire un'espressione del genere "Quell'uomo non è certo migliore di un animale"; oppure, attraverso i media sono state riportate diverse notizie che spesso descrivono questa realtà. Le persone perseguendo i propri benefici, ingannano facilmente: truffano vicini di casa, clienti, amici, membri della loro stessa famiglia, addirittura arrivano ad odiare genitori e figli tanto che sempre più sovente, si uccidono l'un l'altro.

La gente compie atti così inumani e bestiali perché ormai è l'anima a governare l'uomo, dal momento che lo spirito in lui è morto ed ha perso l'immagine di Dio a causa del peccato. Come per gli animali composti solamente di anima e corpo, tali individui non possono entrare in cielo e tanto meno, possono chiamare Dio "Abba Padre". Gesù nacque in una stalla per riscattare gli esseri umani, che non sono poi, così migliori degli animali.

Gesù, vero cibo spirituale

Gesù fu posto in una mangiatoia, contenitore di cibo per cavalli, perché doveva essere il vero cibo spirituale per gli esseri umani che, come già detto, poco si discostano dagli animali (Giovanni 6:51).

In altre parole, fu la stessa divina provvidenza a condurre l'uomo alla completa salvezza abilitandolo a recuperare l'immagine perduta di Dio e compiere il proposito della sua esistenza. Qual è dunque il vero proposito dell'uomo?

In Ecclesiaste 12:13-14 leggiamo:

"Ascoltiamo dunque la conclusione di tutto il discorso: «Temi DIO e osserva i suoi comandamenti, perché questo è il tutto dell'uomo». Poiché DIO farà venire in giudizio ogni opera, anche tutto ciò che è nascosto, sia bene o male."

Cosa vuol dire "temere Dio"? Proverbi 8:13 ci dice che: *"Il timore dell'Eterno è odiare il male"*, quindi temere Lui significa non accettare più alcun male e, allo stesso tempo, cacciare via ogni tipo di malvagità dal proprio cuore.

Se realmente hai timore di Dio, dovresti fare del tuo meglio per eliminare ogni genere di malvagità e combattere contro il peccato anche fino al punto di lottare col sangue. Come gli studenti studiano sodo per assicurarsi un futuro migliore, tu dovresti fare del tuo meglio per rispettare pienamente l'Eterno, adempiere il dovere dell'uomo e di conseguenza godere l'amore e la benedizione del Signore.

Nella Bibbia puoi trovare i comandamenti di Dio per i Suoi figli, come per esempio "fai questo, non fare quello, tieni questo, liberati di quello". Da una parte Egli dice che quello che dovrebbero fare i Suoi figli è "pregare, amare, ringraziare e molto di più", dall'altra ci ordina di non praticare tutto ciò che conduce alla morte, come odio, adulterio, ubriachezza, ecc...

Ribadisce che noi dobbiamo rispettare specifici comandi come "Santificare il giorno del Sabato", "Mantenere le promesse fatte" e simili. Ci esorta anche ad evitare esperienze dannose: "Non procacciate il male", "Cacciate da voi l'avidità" e così via.

E' compito dell'uomo temere Dio e ubbidire ai Suoi comandamenti, perché nel giorno del Giudizio, saremo considerati responsabili di tutte le nostre azioni, anche quelle nascoste, siano esse buone o malvagie. Naturalmente, se avremo vissuto senza compiere i doveri dell'uomo, lasciandoci quindi governare dall'anima al pari degli animali, il risultato del divino giudizio per noi sarà l'inferno.

Ricapitolando, Gesù nacque in una stalla e fu posto in una mangiatoia per riscattare gli uomini, che non sono migliori degli animali e divenire il loro vero cibo spirituale.

Vita di Gesù nella Povertà

In Giovanni 3:35 si legge questa affermazione: *"Il Padre ama il Figlio e gli ha dato in mano ogni cosa"*, Colossesi 1:16 ribadisce lo stesso pensiero: *"Poiché in lui sono state create tutte le cose, quelle che sono nei cieli e quelle che sono sulla terra, le cose visibili e quelle invisibili: troni, signorie, principati e potestà; tutte le cose sono state create per mezzo di lui e in vista di lui"*. In altre parole, Gesù è l'unico Figlio di Dio Creatore, Signore di tutte le cose nel cielo e sulla terra.

Perché dunque venne nel mondo in un contesto sociale molto modesto, umile e visse nella povertà sebbene fosse della stessa natura dell'Onnipotente Dio, ricco a dismisura?

Riscattare gli uomini dalla povertà

In 2 Corinzi 8:9 l'apostolo Paolo ha scritto: *"Voi conoscete infatti la grazia del Signor nostro Gesù Cristo il quale, essendo ricco, si è fatto povero per voi, affinché voi diventaste ricchi per mezzo della sua povertà"*. La provvidenza del sorprendente amore celeste è manifestata in questo: Gesù, Re di re, Signore dei signori, unico Figlio di Dio Creatore, rinunciò a tutta la gloria del cielo, venne e visse in questo mondo in povertà sopportando lo sdegno ed il maltrattamento altrui per riscattare gli esseri umani dalla povertà.

Nel principio, l'uomo fu creato per godere una vita prospera senza alcuna difficoltà o fatica e per nutrirsi dei frutti raccolti senza sforzo. Dopo la disobbedienza e la corruzione di Adamo, l'uomo si è guadagnato il cibo solo attraverso sofferenze fisiche e con il sudore della fronte. A motivo di ciò, spesso vive nella mancanza e nell'indigenza.

La povertà non è un peccato e quindi Gesù non versò il Suo sangue per riscattarci da essa, ma una maledizione manifestata dopo la disubbidienza sopra citata. Perciò Gesù, avendo vissuto in povertà, ci può rendere ricchi.

Alcuni dicono che la vita di privazioni condotta da Gesù significa povertà spirituale; essendo però uno con il Padre, Egli fu concepito attraverso lo Spirito Santo, per cui non c'è motivo di pensare che fosse spiritualmente misero.

Dovresti tener bene a mente che Gesù visse nelle privazioni terrene per riscattare te dalla miseria e perché tu potessi avere una vita abbondante in gratitudine per l'amore e la grazia di Dio.

Alcuni dicono che è sbagliato chiedere soldi in preghiera; altri pensano che essendo cristiano dovresti vivere in povertà, ma questa non è assolutamente la volontà di Dio.

Nella Bibbia si possono leggere molte parole di benedizione, per esempio Deuteronomio 28:2-6 sostiene che:

> *"Tutte queste benedizioni verranno su di te e ti raggiungeranno, se ascolterai la voce dell'Eterno, il tuo DIO: sarai benedetto nelle città e sarai benedetto nella campagna. Benedetto sarà il frutto del tuo grembo, il frutto del tuo suolo e il frutto del tuo bestiame, i parti delle tue vacche e il frutto delle tue pecore. Benedetti saranno il tuo paniere e la tua madia. Sarai benedetto quando entri e benedetto quando esci."*

In 3° Giovanni 1:2 leggiamo questo incoraggiamento: *"Carissimo, io desidero che tu prosperi in ogni cosa e goda buona salute, come prospera la tua anima"*. Infatti, tutti gli uomini eletti da Dio, come Abrahamo, Isacco, Giacobbe, Giuseppe e Daniele, ebbero una vita molto prospera.

Una vita ricca

Nella Sua giustizia, il Signore ci fa mietere quello che seminiamo. Così come i genitori vogliono dare solamente benefici ai loro bambini, il nostro Dio amoroso desidera darci qualunque cosa onesta che noi chiediamo con fede (Marco 11:24).

Vuole darti risposte e benedizioni, ma non puoi ricevere niente se non chiedi o se chiedi senza alcun discernimento. Così, se tenti di mietere qualcosa senza seminare, ti stai beffando del Signore e stai andando contro la legge spirituale.

Qualcuno dice: "Io vorrei seminare, ma non posso perché sono troppo povero". Nella Bibbia puoi leggere di numerose persone molto bisognose che facevano comunque del loro meglio per seminare al punto di ricevere ricche benedizioni come ricompensa.

In 1° Re 17 vediamo che sulla terra ci fu una carestia durata tre anni e mezzo; all'epoca, c'era una vedova di Sarepta dei Sidoni, che fece una piccola forma di pane per il profeta Elia con tutto ciò che aveva: una manciata di farina rimasta in una scodella ed un po' di olio contenuto in una brocca. Dio fu davvero tanto compiaciuto del servizio prestato da questa donna al Suo servitore che la benedisse abbondantemente: la farina e l'olio infatti non si esaurirono, fino al giorno in cui l'Eterno non mandò nuovamente la pioggia sulla terra (1° Re 17:14).

Una volta, durante il Suo ministero, anche Gesù incontrò una vedova indigente: la vide mettere nella cassa del tesoro del tempio due semplici monetine, oggi paragonabili forse ad alcuni centesimi di euro. Ciononostante, la lodò perché nella sua povertà, donando tutto il denaro che aveva, diede in proporzione più degli altri, la cui offerta per la casa del Signore era solo una piccola parte dei beni che possedevano (Marco 12:42-44).

La cosa più importante è che la tua mentalità sia pronta a dare tutto a Dio. Egli non vede la quantità di ciò che tu dai, piuttosto ama il piacevole aroma dell'amore e della fede contenuti in ciò che Gli stai offrendo e di conseguenza ti benedirà abbondantemente.

Flagellato, versò il Suo Sangue

Prima della crocifissione, i soldati romani beffarono Gesù e Lo disprezzarono, Lo sbatterono faccia a terra, Gli sputarono addosso ed ancora, Lo fustigarono con una frusta composta da una lunga striscia di cuoio alla cui estremità erano attaccati dei piccoli uncini di piombo.

I soldati dell'esercito romano erano tra i più robusti e ben disciplinati militari di quel tempo, non a caso formavano le armate più forti nel mondo: quanto sarà stato atroce il dolore quando, dopo averGli tolto i vestiti, Lo frustarono con tutta la loro forza? Quando quella frusta cadeva pesantemente sul corpo di Gesù, la Sua carne veniva lacerata al punto da metterne a nudo le ossa e... molto sangue scorreva.

Questo, per adempimento alla profezia di Isaia: *"Ho presentato il mio dorso a chi mi percuoteva e le mie guance a chi mi strappava la barba, non ho nascosto il mio volto all'ignominia e agli sputi"*, Gesù non cercò mai di evitare la Sua flagellazione (Isaia 50:6).

Guarigione dalle malattie

Perché, dunque, fu colpito con una frusta e versò il Suo sangue? Perché Dio permise che questo accadesse a Suo Figlio? Isaia 53 spiega lo scopo di queste sofferenze e afflizioni:

"Ma egli è stato trafitto per le nostre trasgressioni, schiacciato per le nostre iniquità; il castigo per cui abbiamo la pace è caduto su di lui, e per le sue lividure noi siamo stati guariti. Noi tutti come pecore eravamo erranti, ognuno di noi seguiva la propria via, e l'Eterno ha fatto ricadere su di lui l'iniquità di noi tutti." (Isaia 53:5-6).

Gesù fu trafitto e schiacciato per le tue trasgressioni ed iniquità; punito, frustato, versò il Suo sangue per darti pace e renderti libero da ogni malattia.

In Matteo 9, si narra di un paralitico che giaceva su un lettino; Gesù prima risolse il suo problema col peccato dicendogli: "I tuoi peccati ti sono perdonati" ed in secondo luogo aggiunse: "Prendi il tuo lettino e va a casa" e lo guarì.

In Giovanni 5 leggiamo che riabilitò un uomo invalido da ben trentotto anni: *"Ecco, tu sei stato guarito; non peccare più affinché non ti avvenga di peggio."* (Giovanni 5:14).

La Bibbia riferisce che le malattie sono venute su di noi a causa del nostro peccato; abbiamo perciò bisogno che qualcuno risolva prima di tutto questo nostro problema, per poi essere liberi dalle malattie. Comunque, senza spargimento di sangue non può esserci perdono (Levitico 17:11).

Questo è il motivo per cui nel periodo del Vecchio Testamento, il sacerdote sacrificava un animale per la giustificazione di colui che commetteva peccato. Oggi, dopo la venuta di Gesù tra noi in forma umana e lo spargimento del Suo sangue immacolato e potente, non c'è più bisogno di immolare animali. Il sangue santo di Gesù è stata l'Offerta sacrificale per tutti i peccati degli uomini del passato, del presente e anche del futuro.

Su di Sé le nostre malattie ed infermità

In Matteo 8:17 leggiamo queste parole: *"Affinché si adempisse ciò che fu detto dal profeta Isaia, quando disse: «Egli ha preso le nostre infermità e ha portato le nostre malattie»"*. Quindi, se hai capito perché Gesù fu flagellato e versò il Suo sangue, e credi in Lui, allora non c'è motivo per cui tu debba patire infermità e malattie.

1° Pietro 2:24 ci ricorda che: *"... per le sue lividure siete stati guariti"*. In questo verso, per il verbo *"guarire"*, è usato un tempo passato, perché Gesù ha già guarito gli esseri umani e li ha già riscattati da tutti i loro peccati.

Eppure, per quanto crediamo e dichiariamo che Egli portò le nostre debolezze e malattie attraverso la Sua flagellazione e lo spargimento del Suo sangue' perché alcuni di noi sono ancora nelle infermità?

In Esodo 15:26 leggiamo insieme: *"Se tu ascolti attentamente la voce dell'Eterno, il tuo DIO, e fai ciò che è giusto ai suoi occhi e porgi orecchio ai suoi comandamenti e osservi tutte le sue leggi io non ti manderò addosso alcuna delle malattie che ho mandato addosso agli Egiziani perché io sono l'Eterno che ti guarisco"*. Vuol dire che se fai ciò che è giusto davanti a Dio allora, nessuna malattia ti affliggerà, perché con i Suoi occhi ardenti come fuoco, Egli ti protegge da esse.

Prendiamo in considerazione un esempio: un bambino torna a casa piangendo, dopo essere stato picchiato da un suo coetaneo. La reazione e l'atteggiamento dei suoi genitori verso quanto accaduto potrà essere molto diversa a seconda della loro fede.

Uno potrebbe insegnare al figlio: "Ti picchiano sempre? Allora, se le prendi ancora una volta, farai meglio a rispondere picchiando due o tre volte di più!". Un altro genitore potrebbe invece andare a lamentarsi con quelli del bambino violento; un terzo ancora potrebbe affrontare la situazione diversamente dai primi due, covando però nel suo cuore asprezza o indignazione e così via...

Ma Dio – Padre del Figlio percosso per noi - ci dice di

combattere il male con il bene, amando anche i nostri nemici e di procacciare la pace con tutti; in Matteo 5:39 infatti leggiamo: *"Ma io vi dico: Non resistere al malvagio; anzi, se uno ti percuote sulla guancia destra, porgigli anche l'altra"*.

Perciò, se fai quello che è giusto ai Suoi occhi, non ti sarà difficile osservare i Suoi comandamenti ed i Suoi decreti. Se continui a pregare e fare del tuo meglio, potenza e grazia divine saranno su di te permettendoti di compiere facilmente qualsiasi cosa, con l'aiuto dello Spirito Santo.

Non cedendo al peccato e compiendo il giusto davanti a Dio, le malattie non potranno toccarti; ma anche se venissero su di te, il Guaritore celeste, perdonerà i tuoi peccati e ti guarirà completamente, e scoprirai ciò che di te è sbagliato agli occhi di Dio e ti pentirai con tutto il cuore.

Tu puoi confessare con le tue labbra la Sua Onnipotenza, ma Egli non sarà compiaciuto nel tuo comportamento se dipendi dal sistema del mondo e vai, ad esempio, sempre in ospedale per affrontare un problema o una malattia, perché questo prova che non credi completamente nella Sua onnipotenza (2° Cronache 16).

Corona di Spine

Una corona, insieme al manto reale, è propria di un re. E Gesù, il solo ed unico Figlio di Dio, Re dei re e Signore dei signori, ebbe anch'Egli una corona, ma non in oro, argento e gioielli preziosi, piuttosto composta di lunghe e dure spine.

"E, intrecciata una corona di spine, gliela posero sul capo e gli misero una canna nella mano destra; e, inginocchiandosi davanti a lui, lo schernivano dicendo: «Salve, o re dei Giudei!». Poi, sputandogli a addosso, presero la canna e con quella lo percuotevano sul capo." (Matteo 27:29-30).

I soldati romani unirono delle spine creando una corona troppo piccola per Gesù, infatti, la spinsero a forza sul Suo capo perché non cadesse; le spine Gli forarono la testa e la fronte, ed il sangue cominciò a scorrerGli sul volto. Ma perché il Dio Onnipotente ha permesso che Suo Figlio avesse sul capo una corona di spine, soffrisse il dolore di una punizione ingiusta e versasse il Suo sangue?

Primo: Gesù portò la corona di spine per riscattarci dai peccati commessi con i nostri pensieri

Ritorniamo ad Adamo. Finché comunicò con Dio, il suo Creatore, ed ubbidì alla Sua Parola, non commise alcun peccato, perché pensava in modo conforme alla volontà divina ubbidendo ad essa.

Ma venne meno all'ordine divino peccando, non appena fu tentato dal serpente e accettò il pensiero rilasciatogli da Satana. Fino a quel momento non aveva mai pensato di mangiare il frutto dell'albero della conoscenza del bene e del male, ma cedendo alla tentazione, lo gustò: sembrava essere un buon cibo, piacevole agli occhi e desiderabile in quanto utile a guadagnare saggezza.

Ancora oggi Satana, colui che guidò i nostri antenati alla disubbidienza, continua a lavorare con la stessa strategia per indurti a peccare nel pensiero.

Nel cervello umano vi sono cellule responsabili della memoria: quello che hai visto, sentito ed imparato fin dalla nascita viene registrato in esse insieme ai sentimenti provati verso gli specifici eventi, individui ed informazioni. Questo processo è chiamato "conoscenza". Ciò che invece chiamiamo "pensiero" è il processo della riproduzione della conoscenza immagazzinata attraverso l'opera dell'anima.

Ogni individuo cresce e vive in modo diverso dagli altri, e solitamente ciò che vede, sente, recepisce ed impara, è personale; lo stesso principio è valido per quello che la sua mente immagazzina. Anche se tutti, però, dovessero vedere e sentire le stesse cose o ricevere gli stessi insegnamenti, ognuno manterrebbe ugualmente i propri sentimenti ed inevitabilmente i loro valori personali sarebbero dissimili da uno all'altro.

La Bibbia spesso non è in linea con la nostra conoscenza e teoria. Per esempio, puoi pensare che se vuoi essere innalzato, devi fare tutto il possibile per superare gli altri; invece Dio ci insegna che chiunque si umilia sarà innalzato (Matteo 23:12).

La maggior parte di noi pensa sia naturale odiare il proprio nemico, ma Egli ci dice: "Ama i tuoi nemici" e: "Se il tuo nemico ha fame, dagli da mangiare; se ha sete, dagli da bere".

I pensieri di Dio sono spirituali, quelli dell'uomo carnali. Satana ti suggerisce i secondi per spingerti ad evitare Dio e non avere la fede vera, ma seguire piuttosto le vie del mondo e infine, per guidarti al peccato ed alla morte eterna.

In Matteo 16:21 e nei versi successivi, Gesù spiega ai Suoi discepoli che avrebbe sofferto molte cose, sarebbe stato ucciso sulla croce e sarebbe poi risorto nel terzo giorno. Nel sentire questo, Pietro Lo prese in disparte rimproverandoLo: "Mai Signore! Questo non ti accadrà mai!", al che Gesù guardandolo gli rispose furiosamente: "Vattene via da me, Satana! Tu mi sei di scandalo, perché non hai il senso delle cose di Dio, ma delle cose degli uomini". Con queste parole, il Maestro non intendeva certo dire che Pietro fosse Satana, ma che quest'ultimo stava lavorando nei suoi pensieri per bloccare l'adempimento dell'opera divina.

Il Figlio di Dio doveva sopportare la croce per la salvezza dell'umanità in coerenza alla volontà del Padre; ma un Suo discepolo, con i suoi pensieri carnali, stava contrastando il piano celeste.

L'apostolo Paolo scrive in 2 Corinzi 10:3-6 quanto segue:

"Infatti anche se camminiamo nella carne, non guerreggiamo secondo la carne, perché le armi della nostra guerra non sono carnali, ma potenti in Dio a distruggere le fortezze, affinché distruggiamo le argomentazioni ed ogni altezza che si eleva contro la conoscenza di Dio e rendiamo sottomesso ogni pensiero all'ubbidienza di Cristo, e siamo pronti a punire qualsiasi disubbidienza, quando la vostra ubbidienza sarà perfetta."

Dovresti demolire le argomentazioni ed i ragionamenti che

molto spesso sono in contrapposizione al regno di Dio; per condurre una vita conforme alla verità di persona spirituale e di fede, imprigiona ogni pensiero rendendolo obbediente a Cristo.

Per esempio, dovresti rinunciare all'idea di schiaffeggiare due volte qualcuno che ti ha colpito precedentemente, perché ogni pensiero carnale, questo incluso, va contro la verità; potrebbe andarti male se quella persona poi ti colpisse ancora.

Per sistemare completamente il problema del peccato, prima di tutto dovresti lasciare i forti desideri della natura peccaminosa, la concupiscenza degli occhi e l'orgoglio della vita, perché questi sono i pensieri non veri nei quali Satana si diletta e sono quelli contro la volontà di Dio.

Sì, tutti quei peccati che passano attraverso i tuoi pensieri, i quali dovrebbero essere abbandonati perché desideri dell'uomo peccaminoso, sono quelli che Galati 5:19-21 ha elencato:

> *"Ora le opere della carne sono manifeste e sono: adulterio, fornicazione, impurità, dissolutezza, idolatria, magia, inimicizie, contese, gelosie, ire, risse, divisioni, sette, invidie, omicidi, ubriachezze, ghiottonerie e cose simili a queste."*

Il desiderio e la volontà di fare quello che, al contrario, Dio ti comanda di abbandonare, manifesta esattamente il volere ardente, la brama, la voglia incontenibile della natura peccaminosa.

Per concupiscenza degli occhi, si intende la pesante influenza sulla mente, dovuta a quanto l'individuo vede e sente, la quale spinge a seguire i desideri risvegliati in essa. Si guarda il mondo con l'avidità degli occhi quando lo si ama; perciò, non si troverà soddisfazione al di fuori dei desideri appena descritti, perché solo questi sembrano essere degni e validi.

Una persona ha in sé la mente vanagloriosa quando accondiscende al piacere del mondo inseguendo la concupiscenza dei suoi occhi e la soddisfazione di quei forti desideri tipici della natura peccaminosa. Questo è definito l'orgoglio della vita.

Per riscattarci da qualunque genere di immoralità, anarchia e cattiveria, Gesù portò una corona di spine e versò il Suo irreprensibile ed immacolato sangue che da allora, è il solo mezzo di riscatto per i nostri peccati. Grazie, quindi, a quella corona di spine postaGli crudelmente sul capo, Egli ha redento il nostro pensiero.

Secondo: Gesù ebbe sulla terra una corona di spine, gli uomini avranno corone migliori in cielo.

L'altra ragione per cui ha ricevuto una corona di spine, è quella di farti ottenere delle migliori corone. Esattamente come Gesù ti riscattò dalla povertà, perché condusse una vita povera per la quale ti diede ricchezza, così Egli accettò la corona di spine perché tu ne ottenessi di più preziose in cielo.

Ci sono innumerevoli corone preparate per i figli di Dio in cielo. Se per un evento sportivo vengono consegnati premi preziosi ai vincitori, come medaglie e coppe in oro, argento e bronzo seconda la classificazione dei finalisti, similmente in cielo ci sono varie corone da assegnare.

Esiste una corona incorruttibile e in 1° Corinzi 9:25 è così descritta: *"Ora, chiunque compete nelle gare si auto-controlla in ogni cosa; e quei tali fanno ciò per ricevere una corona corruttibile, ma noi dobbiamo farlo per riceverne una incorruttibile"*. Essa è preparata per coloro che si sforzano di gettare via i loro peccati; la corona della gloria attende coloro che invece, li hanno gettati, vivono in conformità alla Parola di Dio e Lo glorificano (1° Pietro 5:4); la corona della vita è destinata a tutti quelli che amano grandemente l'Eterno, Gli sono fedeli finanche alla morte e si santificano abbandonando qualsiasi genere di malvagità (Giacomo 1:12; Apocalisse 2:10).

La corona della giustizia è ordinata per quelli che, come l'apostolo Paolo, si santificano più e più, rinunciando a tutti i loro peccati e che, inoltre, portano completamente a termine la loro missione secondo la volontà di Dio (2° Timoteo 4:8).

In Apocalisse 4:4 viene descritto quanto segue: *"E intorno al trono c'erano ventiquattro troni, e sui troni vidi seduti ventiquattro anziani vestiti di bianche vesti; e sul loro capo avevano delle corone d'oro"*. La corona d'oro è preparata per chi arriva al livello di "anziano" e per chi assisterà l'Eterno nella Nuova Gerusalemme.

La parola "anziano" qui, non si riferisce alla persona cui è stato dato questo titolo nelle chiese terrene, ma a coloro che sono riconosciuti da Dio come tali, perché santi e fedeli in tutta la casa di Dio ed hanno un'immutabile fede d'oro.

Il Padre dà ai Suoi figli corone diverse, dipende da quanto hanno saputo rifiutare il peccato e portare a termine la missione divina. Essi saranno grandi in cielo e riceveranno le migliori corone se sulla terra non stimolano i desideri della natura peccaminosa comportandosi secondo la Parola di Dio (Romani 13:13-14), se la loro anima sta bene mentre vivono per lo Spirito (Galati 5:16) e se compiono fedelmente il loro dovere e la loro missione!

In conclusione: Gesù, soffrendo con una corona di spine sul capo e versando il Suo sangue, ti ha riscattato dai peccati commessi attraverso i tuoi pensieri. Dovresti esserGli davvero grato, perché ha preparato le migliori corone in cielo per te, in base alla misura della tua fede e dell'adempimento della tua missione!

Puoi comprendere ora quanto sia glorioso essere qualificati per riceverle! Dovresti avere il cuore del tuo Dio per riuscire ad abbandonare qualsiasi tipo di malvagità e compiere bene la tua missione con fedeltà in tutto nella casa di Dio. Spero che tu riceva la migliore corona in cielo.

I Vestiti e gli Indumenti di Gesù

Gesù, con la corona di spine sul capo e bagnando con il Suo sangue il terreno a causa della dura flagellazione, arrivò al luogo della condanna a morte, il Golgotha. Dopo averLo crocifisso, i soldati romani presero i Suoi vestiti e li divisero in quattro parti, una per ciascuno di loro, senza però spartire la tunica che invece, fu tirata a sorte.

"Or i soldati, quando ebbero crocifisso Gesù, presero le sue vesti e ne fecero quattro parti, una parte per ciascun soldato, e la tunica. Ma la tunica era senza cuciture, tessuta d'un sol pezzo da cima a fondo. Dissero dunque fra di loro: «Non stracciamola, ma tiriamola a sorte per decidere di chi sarà»; e ciò affinché si adempisse la Scrittura, che dice: «Hanno spartito fra di loro le mie vesti, e hanno tirato a sorte la mia tunica». I soldati dunque fecero queste cose." (Giovanni 19:23-24).

Perché la Parola di Dio parla dettagliatamente dei vestiti e della tunica appartenenti al Salvatore? La storia d'Israele, fin dal 70 A.D., è profondamente collegata all'implicazione spirituale di questo fatto.

Spogliato e crocifisso

Secondo Matteo 27:22-26, il Signore, dopo essere stato beffato e disprezzato in vari modi, fu condannato alla morte per crocifissione da Ponzio Pilato il quale, in questo modo, rispose alla richiesta degli israeliti che non volevano riconoscere in Gesù il Messia.

Dopo che Gli fu posta brutalmente una corona di spine sul capo, dopo essere stato beffeggiato e disprezzato, Gesù trasportò la croce fino al Golgotha, dove fu crocifisso. Pilato ordinò che nella parte superiore di essa, fosse posta una scritta contro di Lui : «*COSTUI E' GESÙ, IL RE DEI GIUDEI*» (Matteo 27:37).

Questo titolo fu scritto in ebraico, latino e greco: l'ebraico era la lingua tradizionale degli ebrei, il popolo eletto di Dio; il latino, la lingua ufficiale dell'Impero Romano, la nazione più potente di quel tempo; il greco invece era la lingua che dominava culturalmente il mondo. Così, questi tre idiomi stavano a significare che ora il mondo intero, riconosceva davvero Gesù come Re degli ebrei e Re di re.

Secondo Giovanni 19:21-22, dopo avere letto l'iscrizione, molti ebrei andarono da Pilato contestandogliela. Volevano che si scrivesse: "Egli ha detto IO SONO IL RE DEI GIUDEI". Alla risposta di Pilato: "Ciò che ho scritto, ho scritto", come a testificare che Gesù era il Re dei giudei, si lasciò l'insegna così com'era all'origine.

Anche il governatore romano identificò quindi Gesù con questo titolo; Egli è davvero l'unico Figlio di Dio, il Re dei re ed il Signore dei signori. Nonostante ciò, fu privato delle Sue vesti e della Sua tunica di fronte ad una grande folla e dovette sopportare anche una tale umiliante vergogna; e poi, fu crocifisso.

Noi viviamo in questo mondo malvagio e ci dimentichiamo quale sia il dovere dell'uomo. Per riscattarci da ogni genere di vergogna, inganno, cose sporche, cattiveria, anarchia ed immoralità, a Gesù, il Re dei re, furono strappate le vesti, ma la tunica no, fu tirata a sorte. Ed oltre al dolore fisico, ripeto, il Figlio di Dio soffrì la vergogna e fu privato della Sua intimità mentre tutti Lo osservavano. Se capisci il significato spirituale di questo, non puoi che esserGli riconoscente.

La sua veste divisa in quattro parti

I soldati romani denudarono dunque Gesù e Lo crocifissero; e come ben sappiamo, presero i Suoi vestiti, li divisero in quattro parti e tirarono a sorte la Sua tunica.

Il comune buon senso ci fa capire che i Suoi vestiti non potevano essere così belli o costosi, ma allora perché furono divisi in quattro parti?

Sapevano forse, col senno di poi che Gesù sarebbe stato manifestato come il Messia e quindi volevano conservare in casa almeno una parte del Suo vestiario, da tramandare ai propri discendenti come prezioso tesoro di famiglia, o come cimelio? No, no di certo.

Nel Salmo 22:18 è stato profetizzato di questo: *"Spartiscono fra loro le mie vesti e tirano a sorte la mia tunica"*. Dio permise che i soldati romani prendessero i Suoi abiti per adempiere a questo verso (Giovanni 19:24).

Quali implicazioni spirituali ritroviamo nei vestiti di Gesù? Perché divisero le Sue vesti in quattro parti? Perché la tunica rimase intatta? Perché Dio ha permesso che questa storia fosse scritta in anticipo?

Siccome Gesù è il Re dei giudei, i Suoi abiti avevano un diretto riferimento alla nazione di Israele ed al popolo ebreo. Quando i soldati divisero le vesti in quattro parti, questi ritagli naturalmente, avevano perso la loro forma originaria: ciò implica il fatto che Israele come nazione sarebbe stata distrutta, ma che il suo nome sarebbe rimasto, proprio come quelle quattro parti strappate. La divisione delle Sue vesti, anticipa anche la dispersione del popolo israelita nei quattro angoli della terra, come risultato dell'annientamento del suo paese. La storia testimonia che questa profezia è già stata adempiuta.

Dopo 40 anni dalla morte del Figlio di Dio in croce, un generale romano chiamato Tito distrusse Gerusalemme. Il Tempio del Signore fu raso al suolo e non si lasciò pietra su pietra. Dal tempo in cui il territorio d'Israele cessò di esistere, il suo popolo fu sparso in ogni luogo, perseguitato ed anche sacrificato. Questo spiega perché moltissimi ebrei sono presenti ancora oggi ovunque in tutto il mondo.

Matteo 27:23-25 dipinge la scena orrenda, nella quale Pilato rivolto alla folla inferocita, affermava che Gesù era senza colpa, mentre questa continuava a gridare a voce altissima di crocifiggerLo. Il governatore, prese allora dell'acqua e si lavò le mani per mostrare che non era responsabile della morte dell'innocente Gesù, dicendo: "Io sono innocente del sangue di questo giusto; pensateci voi". E la folla rispondendo dichiarò "Sia il suo sangue sopra di noi e sopra i nostri figli!".

E così fu! E' da rimarcare il fatto che la storia d'Israele ci mostra chiaramente quanti ebrei nel tempo, versarono il proprio sangue come per adempiere quella tremenda dichiarazione rilasciata pubblicamente in quel lontano giorno a Ponzio Pilato, il governatore romano. Dopo quattro decadi dalla morte di Gesù, fu massacrato più di un milione di ebrei; molti secoli dopo, durante la Seconda Guerra Mondiale, la Germania nazista ne uccise pressappoco sei milioni. Il film "Schindler List" ritrae alcune tragiche scene in cui gli ebrei, a prescindere dal sesso o dall'età, tutte queste persone furono uccise senza vestiti addosso. Anche ad un criminale è permesso di indossare degli abiti puliti quando viene giustiziato, ma il popolo ebreo fu denudato prima ancora di essere sterminato!

Essi non avevano riconosciuto Gesù come il Messia, Lo spogliarono e crocifissero. Avvenne esattamente come gridarono: "Sia il suo sangue sopra di noi e sopra i nostri figli!" e furono colpiti dall'angoscia terribile che si abbatté sul popolo d'Israele per molti secoli.

La tunica senza cuciture ed intessuta in un unico pezzo

Giovanni 19:23 descrive la tunica di Gesù: *"... la tunica era senza cuciture, tessuta d'un sol pezzo da cima a fondo".* Qui "senza cuciture" vuole dire che la tunica non era composta da diverse parti di stoffa cucite insieme. La maggior parte delle persone non si interessa a come vengono confezionati i loro vestiti e tanto meno se siano cuciti da cima a fondo o dal basso verso l'alto. Ma perché la Bibbia descrive la tunica di Gesù così dettagliatamente?

In Essa è scritto che il padre di tutti gli esseri umani è Adamo, il padre della fede è Abrahamo e il padre d'Israele è Giacobbe. Dio c'insegna che il padre d'Israele non è Abrahamo, perché le dodici tribù d'Israele provengono dai dodici figli di Giacobbe. Quindi il fondatore della nazione d'Israele è Giacobbe, anche se il padre della fede è Abrahamo.

Come vediamo in Genesi 35:10-11, l'Eterno benedisse anche Giacobbe:

> *"E DIO gli disse: «Il tuo nome è Giacobbe; tu non sarai più chiamato Giacobbe, ma il tuo nome sarà Israele». E gli mise nome Israele. Quindi DIO gli disse: «Io sono il Dio onnipotente; sii fruttifero e moltiplica; una nazione, anzi un insieme di nazioni discenderà da te, e dei re usciranno dai tuoi lombi..."*

Secondo la Parola di Dio menzionata in questi versi, i dodici figli di Giacobbe hanno formato la spina dorsale della nazione, un paese unito finché re Roboamo lo divise in Israele, a nord, e Giuda, a Sud.

Più in là nel tempo Israele, il nord, fece mescolanza con i Gentili, mentre Giuda rimase unito. Oggi, le persone che appartenevano a Giuda sono chiamate ebree. La tunica di Gesù, intessuta da cima a fondo in un solo pezzo e senza cuciture, evidenzia che la nazione d'Israele ha mantenuto la sua unità ed identità come discendente di Giacobbe, fino a questo giorno.

Si giocarono la tunica di Gesù senza strapparla

La tunica di Gesù rappresenta il cuore delle persone. Siccome Gesù è il re d'Israele, la Sua tunica ci riporta al cuore del popolo ebreo.

Gli Israeliti, come popolo eletto di Dio attraverso il padre della fede Abrahamo, hanno adorato il vero Dio al di sopra di ogni cosa. La tunica non fu spezzata e ciò significa che, per quanto la nazione o il governo di Israele furono diverse volte distrutti, lo spirito di questo popolo che adora Dio, è stato preservato bene, senza essere lacerato o fatto a pezzi.

La Bibbia profetizza, infatti, che i Gentili non possono sterminare lo spirito degli Israeliti il quale dimora nel profondo dei loro cuori. In altre parole, anche se la nazione fu distrutta, il suo sentimento verso Dio è rimasto costante nel tempo. Avendo un cuore talmente immutabile, Dio scelse gli Israeliti come Suo popolo peculiare e si avvalse di loro per stabilire il Suo regno e la Sua giustizia.

Ancora oggi essi cercano di rispettare la legge con un cuore saldo, stabile e ciò dipende dal fatto che sono i discendenti di colui che aveva lo stesso cuore, cioè Giacobbe. Israele sorprese il mondo intero guadagnando la sua indipendenza il 14 maggio del 1948, molto tempo dopo aver perso il territorio di appartenenza e si sviluppò così rapidamente da diventare uno dei più avanzati paesi influenti, mostrando ancora una volta, il suo spirito nazionale e la sua eccellenza.

Così come i soldati romani non poterono dividere la tunica di Gesù, che era senza cuciture ed intessuta in un solo pezzo da cima a fondo, i Gentili non possono distruggere lo spirito degli Israeliti, gli adoratori dell'Onnipotente. Dopo tutto, da veri discendenti di Giacobbe, essi stabilirono un paese indipendente ed adempirono la volontà di Dio come Suo popolo eletto.

La Bibbia ed Israele nella fine dei tempi

Dopo averci rilasciato la visione ben chiara sulla storia d'Israele attraverso le vesti e la tunica di Gesù, Dio ci diede anche un suggerimento a riguardo gli ultimi giorni del mondo.

Ezechiele 38:8-9 dice:

> *"Dopo molti giorni tu sarai punito. Negli ultimi anni verrai contro il paese sottratto alla spada, i cui abitanti sono stati raccolti da molti popoli, sui monti d'Israele, che sono stati per tanto tempo una desolazione; ora essi, fatti uscire di fra i popoli, abiteranno tutti al sicuro. Tu salirai, verrai come un uragano, sarai come una nuvola che ricopre il paese, tu con tutte le tue schiere e molti popoli con te."*

"Dopo molti giorni" è il periodo di tempo che va dalla nascita di Gesù alla Sua Seconda Venuta; "negli ultimi anni" si riferisce invece, agli anni prossimi al ritorno di Gesù; "i monti d'Israele" indicano Gerusalemme, localizzata sugli altopiani a 790 metri circa sopra il livello del mare. Perciò la Parola secondo la quale negli anni futuri molte persone da tanti paesi diversi si raggrupperanno, ha predetto che gli israeliti sparsi in tutto il mondo, con l'avvicinarsi della seconda venuta di Gesù, sarebbero ritornati alla loro terra.

Tale predizione iniziò ad essere dal momento in cui Israele fu distrutto dall'Impero Romano nel 70 A.D. e guadagnò, molto tempo dopo, la propria indipendenza nel 1948. Israele fu desolato fino alla sua indipendenza e successivamente diventò uno dei paesi più industrializzati del mondo.

Il Nuovo Testamento profetizza anche questa indipendenza, in Matteo 24:32-34 Gesù infatti dice:

> *"Ora imparate dal fico questa similitudine: quando ormai i suoi rami s'inteneriscono e le fronde germogliano, sapete che l'estate è vicina. Così anche voi, quando vedrete tutte queste cose, sappiate che egli è vicino, anzi alle porte. In verità vi dico che questa generazione non passerà, finché tutte queste cose non siano avvenute."*

Questa era la risposta di Gesù ai Suoi discepoli che interrogandoLo sulla fine dei tempi, Gli avevano chiesto un segno a proposito della Sua seconda venuta.

L'albero di fico in questi versi si riferisce ad Israele: quando le foglie dell'albero cominciano a cadere ed il vento freddo inizia a soffiare, sai che l'inverno è vicino. Similmente, appena i ramoscelli dell'albero di fico si inteneriscono e le sue foglie spuntano, sai che l'estate è vicina. Con questa parabola Gesù rivela che, guardando al tempo della restaurazione di Israele avvenuto dopo un lungo periodo successivo alla sua distruzione, ovvero, facendo riferimento agli ebrei ed al momento in cui essi ottennero la loro indipendenza, avremmo capito che il Suo ritorno sarebbe stato molto vicino.

Non puoi sapere per quanto tempo durerà "questa

generazione" da Lui menzionata nel brano di Matteo 24, ma sai che quanto ha detto, sicuramente si adempirà. Tutti noi possiamo testimoniare dell'indipendenza d'Israele, di riflesso, ci è molto facile dedurre che il ritorno di Gesù è molto vicino.

I segni della fine dei tempi

Matteo 24, leggiamo dunque che i discepoli interpellarono Gesù riguardo ai segni della fine dei tempi ed Egli spiegò tutto dettagliatamente, senza rilasciarne, però, l'ora o il giorno esatto; infatti disse: *"Quanto poi a quel giorno e a quell'ora, nessuno li conosce, neppure gli angeli dei cieli, ma soltanto il Padre mio."* (Matteo 24:36).

Questo vuole dire semplicemente che Lui, come Figlio dell'Uomo, cioè nella Sua natura umana, non poteva conoscerne il tempo. Ciò non toglie il fatto che, essendo Egli parte della Trinità, non fosse al corrente di "quel giorno e quell'ora" non appena ascese al cielo, passando attraverso crocifissione e risurrezione.

Parlando ancora sui segni della fine dei tempi, Egli osservò: *"E perché l'iniquità sarà moltiplicata, l'amore di molti si raffredderà; ma chi avrà perseverato fino alla fine sarà salvato".* (Matteo 24:12-13).

Giornalmente notiamo che la cattiveria sta aumentando e l'amore, invece, va raffreddandosi e diventa sempre più difficile trovare cordialità o calore umano. Riferendosi poi al tempo in cui il Vangelo sarà predicato fino ai confini della terra, Gesù continuò ed al verso 14 leggiamo: *"E questo evangelo del regno sarà predicato in tutto il mondo in testimonianza a tutte le genti, e allora verrà la fine".*

Teniamo presente che viviamo in un "villaggio globale" nel quale ogni angolo della terra è accessibile attraverso i mezzi di trasporto o di comunicazione. In Daniele 12:4 era stato predetto anche questo fenomeno, grazie al quale ultimamente, il Vangelo è stato diffuso rapidamente in tutto il mondo: *"Ma tu, Daniele, tieni nascoste queste parole e sigilla il libro fino al tempo della fine, molti andranno avanti e indietro e la conoscenza aumenterà".*

E' anche vero che se è stato predicato nel mondo intero, ci possono comunque essere delle persone che non accettano Gesù perché non aprono il proprio cuore; oppure, vi sono dei luoghi remoti in cui il seme della Buona Novella non è stato ancora sparso.

Le profezie nel Vecchio Testamento sono state tutte adempiute ed anche la maggior parte di quelle del Nuovo. Tutta la Scrittura è ispirata attraverso lo Spirito Santo, quindi, è corretta e non include errori; inoltre né la più piccola lettera né il più minuscolo tratto di penna contenuti in essa, sarà cambiato. Dio sta adempiendo la Sua Parola, le Sue promesse e solo alcuni eventi devono ancora compiersi, incluso il Ritorno del nostro Signore Gesù Cristo, i Sette anni della Grande Tribolazione, il Nuovo Millennio ed il Grande Giudizio del Trono Bianco.

Inchiodato Mani e Piedi

La crocifissione era uno dei metodi più cruenti e crudeli di esecuzione destinata ad assassini e traditori: le braccia allargate su una croce di legno, il condannato veniva inchiodato ad essa attraverso le mani ed i piedi. Era lasciato appeso a quel legno per molto tempo, in modo che patisse un dolore tremendo fino all'ultimo respiro, fino alla morte.

Gesù, il Figlio di Dio, aveva fatto solamente azioni buone in questo mondo e non aveva né macchia né difetto. Allora, perché fu inchiodato sulla croce mani e piedi, versando tutto il Suo sangue?

Il dolore provocato da quei chiodi

Gesù, condannato alla morte della croce, dovette raggiungere il luogo dell'esecuzione chiamato Golgota. Una volta arrivato, questa era la procedura: un soldato romano teneva un grande perno di ferro, un altro il martello e al comando di un centurione, inchiodavano le mani ed i piedi del condannato; dopo, veniva eretta la croce. Riesci ad immaginare quanto doveva essere doloroso tutto questo?

L'innocente Gesù ha sofferto un dolore immenso quando quei grandi chiodi penetravano nel Suo corpo e quando, una volta sollevata la croce, il Suo peso spingeva l'intero corpo verso il basso lacerando gli arti inchiodati.

Con la decapitazione, il dolore del malcapitato finiva in un istante; ma la morte sulla croce era estremamente dolorosa, perché significava rimanere appeso ad essa a lungo finché il condannato non fosse completamente dissanguato, disidratato ed esausto... poi, giungeva la morte.

C'è di più: nel deserto in un giorno assolato, ogni genere di insetto e parassita si posava su quel corpo lacerato, per succhiarne il sangue che usciva dalle ferite delle mani e dei piedi inchiodati. In aggiunta a tutto questo, le persone malvagie presenti a questo castigo, puntavano il dito contro il malcapitato sputandogli addosso, beffeggiandolo, maledicendolo, insultandolo.

Alcuni disprezzarono Gesù al punto di rivolgerGli gravi offese come quelle che Matteo 27:39-43 trascrive: "Se sei il Figlio di Dio, scendi giù dalla croce!".

L'insopportabile dolore Lo accompagnò durante la crocifissione. Sapeva, tuttavia molto bene, che caricarsi dei peccati e delle maledizioni altrui sulla croce, avrebbe portato la redenzione di tutti gli uomini, facendoli diventare figli di Dio. Allora, comprendiamo che la vera sofferenza di Gesù proveniva da un'altra fonte: sapere che ci sarebbero state delle persone le quali, non avrebbero ugualmente riconosciuto questa provvidenza divina o non avrebbero accolto la salvezza a causa della propria malvagità. Ciò era per Lui un dolore più grande di quello fisico.

Peccati commessi attraverso mani e piedi

Una volta che un pensiero peccaminoso è concepito nel cuore, esso spinge mani e piedi a trasformarlo in peccato. Sapendo che c'è una legge spirituale per cui il salario del peccato è la morte, peccare ti condurrà all'inferno e lì soffrirai per sempre.

Ecco perché Gesù disse: *"E se il tuo piede ti è occasione di peccato, taglialo, è meglio per te entrare zoppo nella vita, che avere due piedi ed essere gettato nella Geenna, nel fuoco inestinguibile, dove il loro verme non muore e il fuoco non si spegne. E se l'occhio tuo ti è occasione di peccato, cavalo; è meglio per te entrare con un occhio solo nella vita, che averne due ed essere gettato nella Geenna del fuoco."* (Marco 9:45-47).

Quante volte, fin dalla nascita, hai commesso peccato con i tuoi quattro arti? Alcuni picchiano le persone per rabbia; altri rubano ed altri ancora perdono le proprie fortune nel gioco d'azzardo. Certe persone manifestano violenza con i loro piedi e raggiungono luoghi dove non dovrebbero mai andare. Perciò, se la causa del tuo peccato sono i tuoi piedi, sarebbe meglio tagliarli ed assicurarsi di entrare in cielo anche senza, piuttosto che essere gettato nell'inferno con tutti e due.

Pensa anche un'altra cosa, quanti peccati hai commesso con gli occhi? L'avidità e l'adulterio ti consumano quando vedi qualcosa che non dovresti guardare. Ecco perché Gesù disse che se i tuoi occhi ti causano peccato, per poter entrare in cielo, sarebbe meglio strapparli e gettarli via piuttosto che essere scaraventato all'inferno avendo commesso peccato attraverso di loro.

All'epoca del Vecchio Testamento, se uno commetteva peccato con il suo occhio, questo gli veniva rimosso; se uno peccava con la mano o con il piede, gli veniva tagliato l'arto che aveva sbagliato; se uno compiva assassinio o adulterio, veniva lapidato a morte (Deuteronomio 19:19-21).

Senza la sofferenza di Gesù Cristo sulla croce, ancora oggi i figli di Dio dovrebbero tagliarsi mani o piedi, quando attraverso di essi commettono peccato. Il Salvatore, però, si caricò della croce, fu inchiodato, versò il Suo sangue, ci lavò anche da quel tipo di peccati, e non dovremo mai più soffrire o pagare a causa delle colpe passate. Come è grande il Suo amore!

Devi ricordare che se cammini nella luce come Lui è nella luce, Egli ti purifica da tutti i peccati, basta confessarli rivolgendoti a Lui (1 Giovanni 1:7).

Perciò, è molto importante che tu riempia il cuore con la verità per condurre una vita vittoriosa, grata e piena di grazia, sempre concentrata su Dio.

Gambe integre, Fianco trafitto

Gesù morì di venerdì, giorno precedente al sabato ovvero, il giorno in cui si osservava lo Shabbat e gli ebrei non volevano che vi fossero corpi sulle croci durante quelle ore.

Così, come puoi leggere in Giovanni 19:31, chiesero a Ponzio Pilato di fare spezzare le gambe dei condannati e di rimuoverne i cadaveri dalle croci, mentre era ancora venerdì.

Dietro suo ordine, i soldati ruppero le gambe dei due ladri crocifissi ai lati di Gesù, ma le Sue gambe, no, perché era già morto. In quei tempi, le persone crocifisse erano ritenute maledette e per questo i soldati spezzavano loro gli arti inferiori. Anche in questo si può vedere la provvidenza divina, in quanto i soldati non toccarono le gambe del Redentore.

Perché le Sue gambe non furono spezzate?

Gesù, senza peccato, fu maledetto perché appeso alla croce per riscattare gli esseri umani dalla maledizione della legge. Satana non ha potuto spezzar Gli le gambe, perché Gesù non è morto a causa del proprio peccato, ma per la provvidenza di Dio.

Inoltre, Dio Lo protesse in modo che non Gli fossero spezzate le ossa, adempiendo così le parole del Salmo 34:20 che dice: *"Egli preserva tutte le sue ossa, e nessuno di esse è spezzato"*.

In Numeri 9:12 l'Eterno dice agli israeliti di non spezzare alcun osso dell'agnello che avrebbero dovuto mangiare; ed in Esodo 12:46 leggiamo che il popolo poteva mangiare la carne dell'agnello, ma senza spezzarne le ossa.

"L'agnello" si riferisce a Gesù, che essendo immacolato ed irreprensibile, a motivo del Suo amore verso noi diventò sacrificio di espiazione. In accordo quindi alla Scrittura che dice: "Non spezzate neanche un osso dell'agnello", avvenne che anche a Gesù, il vero Agnello, non fu spezzato nemmeno un osso.

Il Suo fianco fu trafitto da una lancia

Giovanni 19:33-34 dipinge ancora un'altra scena orribile:

"... ma, arrivati a Gesù, come videro che era già morto non gli spezzarono le gambe, ma uno dei soldati gli trafisse il costato con una lancia, e subito ne uscì sangue ed acqua."

Nonostante il soldato sapesse che Gesù era morto, perché Lo trafisse con una lancia causando un flusso improvviso di sangue ed acqua? Questo illustra la malvagità dell'uomo.

Sebbene fosse Dio, Gesù non rivendicò né fece valere i Suoi diritti come tale; piuttosto, fece di Sé stesso un nulla prendendo l'umile posizione di schiavo ed apparve nella forma di essere umano. Si umiliò anche ulteriormente in ubbidienza, morendo come un criminale sulla croce: è così che Gesù aprì la porta della salvezza per te (Filippesi 2:6-8).

Durante la Sua vita terrena, Gesù diede libertà ai prigionieri, ricchezza ai poveri, guarigione agli ammalati ed ai deboli. Egli non aveva abbastanza tempo per mangiare o dormire, considerando che si adoperava al massimo per proclamare la Parola di Dio e salvare più anime possibile. Andò su una collina a pregare anche quando i Suoi discepoli stavano riposando.

Molti ebrei Lo perseguitarono con disprezzo pur sapendo che faceva solamente del bene. Alla fine, Lo condannarono su una croce a causa della loro malvagità e come se non bastasse, un soldato romano Lo trafisse con una lancia. Questo ci dice come le persone abbiano accumulato cattiveria su cattiveria.

Dio mostrò il Suo straordinario amore mandando il Suo unico Figlio, Gesù Cristo, permettendo che fosse crocifisso affinché, nonostante la nostra malvagità, ci riscattasse dal peccato.

Sangue ed acqua uscirono dal Suo fianco

Come già menzionato, un soldato romano trafisse il fianco di

Gesù con una lancia per semplice cattiveria, pur sapendo che era già morto ed in quel momento dal Suo corpo uscirono sangue ed acqua. Vi sono tre punti specifici in questo episodio.

Primo punto — Gesù venne in carne come Figlio dell'Uomo. Giovanni 1:14 infatti dichiara: *"E la Parola si è fatta carne ed ha abitato fra di noi."* Dio venne a questo mondo in carne, e si chiamò Gesù.

I peccatori non possono vedere Dio perché, altrimenti morirebbero. Egli non può apparire direttamente di fronte a loro, e Gesù venne nel mondo in forma umana, ad evidenziare per noi le molte prove che possono guidarci a credere in Dio.

La Bibbia ci dice che Egli è stato un uomo come noi. In Marco 3:20 si narra: *"Poi entrarono in una casa. E la folla si radunò di nuovo, tanto che non potevano neppure prendere cibo"*, ed in Matteo 8:24 leggiamo: *"Ed ecco sollevarsi in mare una tempesta così violenta, che la barca era coperta dalle onde. Or egli dormiva"*.

Alcune persone potrebbero chiedersi come sia possibile che Gesù, il Figlio di Dio, abbia avuto fame o abbia sentito dolore. Essendo venuto tra noi con un corpo composto da ossa, carne e muscoli, Egli aveva necessità di mangiare e dormire; per lo stesso motivo soffriva il dolore proprio come succede a noi.

Il fatto che quando fu trafitto con una lancia uscirono dal Suo costato sangue ed acqua, prova inconfutabilmente che, pur essendo il Figlio di Dio, venne tra noi in corpo umano.

Secondo punto – Tu, per quanto conforme alla natura umana, puoi essere partecipe della natura divina. Dio vuole che i Suoi figli siano santi e perfetti come è Lui, quindi ci dice: *"Siate santi, perché io sono santo."* (1° Pietro 1:16) e: *"Siate perfetti, come è perfetto il Padre vostro, che è nei cieli."* (Matteo 5:48). Ci incoraggia ancora dichiarando: *"... attraverso le quali ci sono donate le preziose e grandissime promesse, affinché per mezzo di esse diventiate partecipi della natura divina, dopo essere fuggiti dalla corruzione che è nel mondo a motivo della concupiscenza."* (2° Pietro 1:4) e conclude: *"Abbiate in voi lo stesso sentimento che già è stato in Cristo Gesù."* (Filippesi 2:5).

Gesù venne a questo mondo in carne e diventò un servitore in accordo alla volontà di Dio, adempiendo completamente il Suo proposito. Giunse tra noi per compiere la legge con amore, vincendo su tutte le prove, le difficoltà e vivendo secondo la Parola di Dio.

Pur essendo stato semplicemente uomo, come te, Egli accettò volontariamente tutto il dolore, seguì la volontà di Dio con perseveranza, autocontrollo, sacrificandosi per amore, morendo su una rozza croce senza opporre resistenza e senza recriminazione.

Come possiamo dunque partecipare alla natura divina con il cuore di Cristo Gesù?

Ne saremo partecipi solo crocifiggendo la nostra natura peccaminosa, consistente in passioni e desideri, crescendo nell'amore spirituale e pregando sinceramente per vivere con la stessa attitudine di Gesù.

L'amore carnale è egoista e col passare del tempo si raffredda. Le persone che condividono questo genere di sentimento, si tradiscono e soffrono quando non hanno un buon rapporto.

Dio vuole, invece, che in noi viva l'amore paziente, gentile e non egocentrico, cioè quello spirituale il quale è immutabile e fiorisce di giorno in giorno. Tu puoi avere la stessa espressione di Gesù in proporzione a quanto più ricerchi questo tipo di amore ed a quanto più, attraverso la preghiera fervente, rigetti ogni tipo di cattiveria.

Tutti possono ricevere la grazia e la potenza di Dio cercando il Suo aiuto, digiunando e pregando con intensità ed Egli opererà anche per liberarci da ogni tipo di crudeltà. Se c'è in te l'amore spirituale, brillerai come il sole nel regno dei cieli, produrrai i nove frutti dello Spirito (Galati 5) e farai tue le beatitudini (Matteo 5).

Terzo punto – L'uscita di sangue ed acqua dal fianco di Gesù, è una realtà più che potente da condurti alla vita vera ed eterna.

Questi due elementi vitali, sangue ed acqua immacolati ed irreprensibili, spiritualmente, potevano anche risorgere dato che Gesù non aveva in Sé il peccato originale e non aveva mai commesso alcuna trasgressione. Grazie allo spargimento del Suo prezioso sangue, i tuoi peccati sono purificati e puoi possedere la vera vita che guida a salvezza, risurrezione e vita eterna.

L'acqua uscita dal fianco di Gesù simboleggia l'Acqua eterna, la Parola di Dio: puoi riempirti di verità ed essere un sincero figlio di Dio tanto quanto tu comprendi e vivi secondo la Sua Parola e getti via i tuoi peccati.

Gesù, senza alcuna macchia o difetto, rinunciò a tutto per darci una vera vita, fino a versare sangue ed acqua per noi, anche se non siamo migliori degli animali.

Io spero che tu comprenda la grazia di essere stato salvato

senza avere pagato alcun prezzo e che puoi liberarti del peccato pregando sinceramente, in fede. La tua vita sarà fruttuosa in Gesù Cristo.

Capitolo 7

LE ULTIME SETTE PAROLE DI GESÙ SULLA CROCE

- Padre, perdonali
- Oggi sarai con Me in Paradiso
- Donna, ecco tuo Figlio... Ecco tua Madre
- Eloi, Eloi, Lama Sabachthani?
- Ho Sete
- È compiuto!
- Padre, nelle Tue Mani rimetto il Mio Spirito

E Gesù diceva: «Padre perdona loro perché non sanno quello che fanno»... Allora Gesù gli disse: «In verità ti dico: oggi tu sarai con me in paradiso». Era circa l'ora sesta, e si fece buio su tutto il paese fino all'ora nona. Il sole si oscurò e la cortina del tempio si squarciò in mezzo. E Gesù, gridando con gran voce, disse: «Padre, nelle tue mani rimetto il mio spirito». E detto questo, rese lo spirito.

Luca 23 :34-46

All'approssimarsi della morte, la maggior parte delle persone ricorda la propria vita, e rivolge allora le sue ultime parole ai membri della famiglia ed agli amici.

Allo stesso modo Gesù, che divenne carne in questo mondo come provvidenza divina, mentre esalava il Suo ultimo respiro sulla croce pronunciò sette frasi, altrimenti dette "Le Ultime Sette Parole di Gesù sulla Croce".

Permettimi di esaminarne i significati spirituali.

Padre, perdonali

L'autore della lettera ai Filippesi descrive Gesù nel modo seguente:

> "... il quale, essendo in forma di Dio, non considerò qualcosa a cui aggrapparsi tenacemente l'essere uguale a Dio, ma svuotò se stesso, prendendo la forma di servo, divenendo simile agli uomini; e, trovato nell'esteriore simile ad un uomo, abbassò se stesso, divenendo ubbidiente fino alla morte e alla morte di croce." (Filippesi 2:6-8).

Gesù fu crocifisso per dimostrare il Suo amore e la Sua obbedienza a Dio, in modo da poter aprire la via della salvezza ai peccatori. Le persone che stavano vicino alla croce, Lo beffeggiarono insieme ai capi religiosi dicendo: "Egli ha salvato gli altri e non può salvare se stesso, se è il re d'Israele, scenda ora giù dalla croce...".

Anche i soldati Lo presero in giro, Gli offrirono da bere vino acido e Gli dissero: "Se sei il Re dei giudei, salva te stesso!". Perfino uno dei due criminali crocifissi Lo beffeggiò: "Se sei il Messia, salva te stesso e noi!".

> *"E quando giunsero al luogo, detto del Teschio, là crocifissero lui e i malfattori, l'uno a destra e l'altro a sinistra. E Gesù diceva: «Padre perdona loro perché non sanno quello che fanno»."* (Luca 23:33-34).

Esalando il Suo ultimo respiro, Gesù si rivolse a Dio pregando: "Padre, perdonali, perché non sanno quello che fanno". Lo invitò ad usare misericordia e perdono verso coloro i quali non sapevano che il Suo Figliolo era stato crocifisso per assolverne i peccati. Quelle persone probabilmente, non compresero nemmeno che con le loro azioni stavano peccando. Questa è la Sua prima frase dalla croce.

Gesù prega con amore per i suoi crocifissori

Il Figlio di Dio, nonostante fosse senza macchia e difetto, pregò per quelli che Lo crocifissero. Com'è profondo e grande il

Suo amore! Egli poteva scendere facilmente dalla croce o addirittura evitare completamente questa condanna a morte, perché era uno con il Padre e pieno della Sua potenza... Era lì crocifisso, per adempiere il piano della salvezza secondo la volontà divina, motivo per cui riuscì a sopportare tutte le sofferenze e la vergogna, pregando per i Suoi carnefici con un amore disperato e chiedendone il perdono divino.

Pregò sinceramente: "Padre, perdonali perché loro non sanno quello che fanno". In questa frase "loro" non si riferisce naturalmente solo alle persone che in quel giorno Lo crocifissero e beffarono, ma anche a tutti gli esseri umani che non Lo ricevono e continuano a vivere nelle tenebre. Come i Suoi crocifissori, molte persone oggi stanno peccando perché non conoscono Gesù Cristo e la Verità.

Il tuo nemico, il diavolo, appartiene alle tenebre ed odia la luce, così ha crocifisso Gesù, la vera Luce. Oggi Satana controlla le persone che appartengono alle tenebre inducendole a perseguitare chi cammina nella luce.

Come puoi reagire davanti ai persecutori che non conoscono la verità?

Gesù, con la prima frase pronunciata dalla croce, insegna quale sia la volontà di Dio e l'atteggiamento che il cristiano dovrebbe avere in questa circostanza. In Matteo 5:44 è scritto: *"Ma io vi dico: Amate i vostri nemici, benedite coloro che vi maledicono, fate del bene a coloro che vi odiano, e pregate per coloro che vi maltrattano e vi perseguitano"*.

Anche noi dobbiamo essere capaci di pregare per tutti quelli che ci perseguitano dicendo "Padre, perdonali. Non sanno quello fanno. E benedicili in modo che possano ricevere Te, Signore, così che possiamo incontrarci un giorno in cielo".

Oggi sarai con Me in Paradiso

Insieme a Gesù sul Golgotha, nel luogo detto "del Teschio", furono crocifissi anche due criminali (Luca 23:33).

Uno dei due Lo insultò. L'altro, invece, dopo avere rimproverato il compagno di sventura per il suo comportamento, si pentì dei peccati commessi ed accettò Gesù come personale Salvatore. Egli gli promise che sarebbe stato in paradiso con Lui in quello stesso giorno. Questa è la seconda frase di Gesù sulla croce.

> *"Or uno dei malfattori appesi lo ingiuriava, dicendo: «Se tu sei il Cristo, salva te stesso e noi». Ma l'altro, rispondendo, lo sgridava dicendo: «Non hai neppure timore di Dio, trovandoti sotto la medesima condanna? Noi in realtà siamo giustamente condannati, perché riceviamo la dovuta pena dei nostri misfatti, ma costui non ha commesso alcun male». Poi disse a Gesù: «Signore, ricordati di me quando verrai nel tuo regno». Allora Gesù gli disse: «In verità ti dico: oggi tu sarai con me in paradiso»." (Luca 23:39-43).*

Attraverso questa Sua seconda frase, Gesù proclamò di essere il Messia, Colui che poteva perdonare e salvare i peccatori che si pentono delle loro trasgressioni.

Leggendo i quattro Vangeli noterai che le risposte dei due criminali sono riportate in modi diversi. In Matteo 27:44 è scritto: *"Anche i ladroni crocifissi con lui lo ingiuriavano allo stesso modo";* in Marco 15:32 invece: *"«...Il Cristo, il re d'Israele, scenda ora dalla croce, affinché lo vediamo e crediamo». Anche quelli che erano stati crocifissi con lui, lo ingiuriavano ".* In questi due racconti notiamo che entrambi i criminali insultarono Gesù.

Però in Luca 23 è narrato che uno dei due rimproverò l'altro, si pentì dei suoi peccati, accettò Gesù Cristo e fu salvato. Questo non significa che i Vangeli siano incoerenti e discordanti, ma piuttosto che, nella Sua provvidenza, Dio ha permesso ai Suoi autori, di scrivere l'avvenimento sotto diverse angolazioni. Nella Bibbia la provvidenza di Dio e gli elementi storici sono condensati insieme, ovviamente se tutto fosse scritto nei minimi dettagli, migliaia di Bibbie non sarebbero sufficienti a contenerli!

Oggi possiamo registrare qualsiasi cosa, ad esempio, con una fotocamera digitale e riguardare il tutto in un altro momento. Ai tempi di Gesù, invece, non c'erano tali attrezzature tecnologiche e quindi, per ricordare un evento, per quanto importante fosse, l'unica cosa da fare era scriverlo. Attraverso le differenze risultate dalle varie esposizioni relative ad un unico avvenimento, vedi questo caso, puoi realizzare e rivivere più realisticamente quella particolare situazione.

Una migliore comprensione della crocifissione di Gesù

Quando Gesù proclamò il Vangelo, le grandi folle Lo seguirono; alcuni vollero ascoltare il Suo messaggio, altri vedere miracoli e segni dal cielo, molti ricercavano solo cibo e qualcuno vendette addirittura le sue proprietà per servire e seguire Gesù.

In Luca 9, Gesù ringraziò Dio per cinque pani e due pesci: il numero delle persone che mangiarono, dalla miracolosa moltiplicazione di quel poco cibo, fu approssimativamente di cinquemila uomini (Luca 9:12-17). Immagina quante persone, incluso chi amava e odiava Gesù e molti altri ancora, si raggrupparono nel luogo dove Lui fu crocifisso. La grande folla circondò la croce tanto che i soldati dovettero bloccarli con lance e scudi; gridavano contro il Signore insultandoLo, come fece anche uno dei due criminali crocifissi insieme a Lui.

Chi poteva essere in grado di sentire quello che disse il primo criminale? E' abbastanza sicuro che vi fosse molto rumore e confusione, così, solamente le persone più vicine alla croce di Gesù potevano sentire le Sue parole. Uno dei due malfattori disse qualcosa a Gesù con un'espressione facciale malvagia, tant'è vero che l'altro lo rimproverò per averLo insultato. E' però probabile che le persone situate al lato opposto vedendo questa scena, abbiano pensato che entrambi i criminali (anche quello pentito) stessero imprecando contro il Salvatore.

Perciò, da una parte gli scrittori dei Vangeli di Matteo e Marco, scrissero proprio questo perché evidentemente a causa del gran rumore non riuscirono a sentire le parole del criminale pentito.

Dall'altra parte invece, l'autore del Vangelo di Luca udì chiaramente quello che i due condannati dissero e comprese che uno di loro non offese Gesù, al contrario, si era pentito e Gli chiese perdono. Diversi scrittori, erano situati in punti differenti, scrissero in modo diverso, descrivendo quindi l'episodio in base a quanto potevano sentire e vedere dalle loro postazioni.

Dio, che sa tutto, ha permesso loro di riportare i fatti con queste diversità, così che le generazioni successive avrebbero potuto discernere quella particolare situazione in maniera più chiara.

I luoghi celesti sono anche per i criminali pentiti

Gesù promise al criminale pentito in punto di morte sulla croce "Oggi sarai con me in paradiso". Questo ha un significato spirituale.

Il paradiso, il regno di Dio, è un luogo molto grande che va oltre l'immaginazione umana. Leggiamo in Giovanni 14:2 alcune parole di Gesù: *"Nella casa del Padre mio ci sono molte dimore; se no, ve lo avrei detto; io vado a prepararvi un posto".* Il salmista ci esorta dicendo: *"Lodatelo, voi cieli dei cieli, e voi acque al di sopra dei cieli."* (Salmo 148:4). Neemia 9:6 loda Dio, che ha fatto il cielo ed i cieli dei cieli. 2° Corinzi 12:2 parla di un uomo in Cristo che, quattordici anni prima, fu rapito fino al terzo cielo. In Apocalisse 21:2 leggiamo che nella Nuova Gerusalemme c'è la dimora del trono di Dio.

Vi sono quindi, molte dimore in cielo, ma non ti è permesso

di scegliere in quale vivere. L'Iddio di giustizia ricompenserà ognuno di noi secondo quello che abbiamo fatto in questo mondo, ovvero, quanto abbiamo imitato il nostro Signore, quanto abbiamo lavorato per il regno di Dio, quanti tesori ci siamo fatti in cielo, ecc... (Matteo 11:12; Apocalisse 22:12).

Giovanni 3:6 afferma: *"Ciò che è nato dalla carne è carne; ma ciò che è nato dallo Spirito è spirito"*. Le dimore celesti saranno suddivise in gruppi corrispondenti al livello spirituale riscontrato nelle persone, livello che cresce proporzionalmente alla carnalità della quale ci si libera.

Chiaramente ogni luogo in cielo è bellissimo perché è Dio a governarlo, eppure anche lì vi sono delle differenze. Per esempio: il modo di vivere, gli hobby, il rigore di vita in una metropoli sono completamente diversi da quelli di una cittadina in campagna. Nella stessa maniera la città santa, la Nuova Gerusalemme, è il luogo più glorioso del cielo dove è il trono di Dio e dove risiedono i Suoi figli che più Gli somigliano.

Il paradiso, posto nella periferia celeste, è il luogo dove vive il malfattore pentito all'ultimo momento sulla croce. Anche molti altri che ottengono soltanto la salvezza come è successo a lui, vivranno là: sono quelle persone che hanno ricevuto Gesù Cristo, ma che non hanno potuto proseguire nel cammino del cambiamento spirituale.

Perché il criminale pentito entrò in paradiso, il luogo più modesto del cielo?

Egli confessò di essere peccatore dal profondo del cuore e ricevette Gesù come suo Salvatore, però essendo in punto di morte, non ebbe la possibilità né il tempo di sbarazzarsi dei suoi peccati, vivendo secondo la Parola di Dio o evangelizzando. Non ha potuto lavorare per il Signore o compiere qualcosa per ricevere un premio celeste. Per questo motivo, gli è stato destinato il paradiso, il luogo più modesto e semplice del cielo.

Gesù discese negli abissi della terra

Anche se Gesù promise al malfattore "Oggi sarai con me in paradiso", ciò non significa che Egli viva solamente in paradiso. Il Re di re e Signore dei signori, governa e dimora con i figli di Dio in tutto il cielo, inclusi paradiso, Nuova Gerusalemme. In questo senso dunque, Egli vive tanto in paradiso, quanto nelle altre dimore celesti.

Quando il Salvatore disse al criminale pentito "Oggi sarai con me in paradiso", con la parola "oggi" non si riferiva semplicemente allo specifico giorno in cui morirono sulla croce, né ad alcun altro in particolare. Il Signore voleva assicurargli che sarebbe stato ovunque con lui, dal momento stesso in cui da criminale, divenne figlio di Dio.

Facendo riferimento alla Bibbia, vediamo che Gesù dopo la Sua morte, non andò immediatamente in cielo. In Matteo 12:40 Egli annuncia ad alcuni farisei: *"Infatti come Giona fu tre giorni e tre notti nel ventre del grosso pesce, così starà il Figlio dell'uomo tre giorni e tre notti nel cuore della terra"*. Efesi 4:9 spiega: *"Or questo: «È salito» che cosa vuol dire se non che prima era pure disceso nelle parti più basse della terra?"*.

Inoltre, 1° Pietro 3:19 dichiara: *"... nel quale egli andò anche a predicare agli spiriti che erano in carcere"*. Gesù andò dunque nelle parti più basse della terra e predicò il Vangelo agli spiriti, prima che risuscitasse nel terzo giorno. Perché questo fu necessario?

Prima della Sua venuta nel mondo, molte persone vissero correttamente e accettarono Dio, sia al tempo del Vecchio Testamento che nel primo periodo del Nuovo, ma morirono senza aver avuto l'opportunità di udire il Vangelo. Ciò significa che andarono tutti all'inferno perché non sapevano chi fosse Gesù?

Il Padre Celeste mandò il Suo unico Figlio in questo mondo e chiunque Lo riceve sarà salvato. Egli non avrebbe dato inizio alla coltivazione umana per salvare solamente quelli che avrebbero ricevuto Gesù Cristo dopo la Sua crocifissione. Coloro che non hanno avuto l'opportunità di sentire il Vangelo, ma hanno vissuto correttamente, saranno giudicati secondo coscienza.

Così, le persone buone di cuore venivano raggruppate negli abissi della terra; nell'Ades sono state mandate invece le anime malvagie e vi staranno fino al giorno del Giudizio. Così Gesù, dopo la Sua crocifissione, andò negli abissi della terra e predicò il Vangelo agli spiriti che non Lo conoscevano, ma che avevano vissuto guidati da una buona coscienza, perciò reputati degni di salvezza.

Sotto il cielo non c'è altro nome dato agli uomini per il quale possiamo essere salvati, se non quello di Gesù Cristo; ecco perché Egli andò a predicare di Sé stesso agli spiriti affinché potessero riceverLo ed essere salvati.

La Bibbia dice che gli spiriti salvati fino al tempo della crocifissione di Gesù furono portati nel seno di Abramo (Luca 16:22), ma dalla Sua risurrezione, sono stati portati nel seno di

Gesù.

La Salvezza secondo il giudizio della coscienza

Prima dell'arrivo di Gesù in questo mondo per diffondere il Vangelo, le persone buone avevano vissuto seguendo la rettitudine del proprio cuore. Questa è la legge della coscienza. La gente buona non diventa malvagia quando ha problemi ed affronta difficoltà, perché ascolta la voce del proprio cuore.

In Romani 1:20 si legge: *"Infatti le sue qualità invisibili, la sua eterna potenza e divinità, essendo evidenti per mezzo delle sue opere fin dalla creazione del mondo, si vedono chiaramente, affinché siano inescusabili"*.

Vedendo la grandezza dell'universo e come tutto sulla terra è in armonia, le persone dal cuore retto credono che ci sia la vita eterna; per questo non vivono secondo la loro natura peccaminosa, e spinte dal timore di Dio, si controllano per evitare di seguire i piaceri mondani.

Romani 2:14-15 dice: *"Infatti quando i gentili, che non hanno la legge, fanno per natura le cose della legge, essi, non avendo legge, sono legge a se stessi; questi dimostrano che l'opera della legge è scritta nei loro cuori per la testimonianza che rende la loro coscienza, e perché i loro pensieri si scusano o anche si accusano a vicenda"*.

Dio diede la legge solo agli israeliti e non ai gentili; però, se questi ultimi vivono seguendo il codice e norme del cuore dettati e praticati dalla propria coscienza, è come se agissero secondo quella stessa legge. In base a ciò, non si può asserire che non può ricevere salvezza chi non ha creduto in Gesù Cristo perché non ha mai potuto udire il messaggio del Vangelo durante la sua vita terrena sana e leale.

Fra quelli che morirono senza sapere di Gesù Cristo, infatti, c'erano delle persone che sono riuscite a controllarsi dai pensieri malvagi perché il loro cuore era puro. Esse, saranno salvate secondo il giudizio divino della propria coscienza.

Donna, ecco tuo Figlio... Ecco tua Madre

L'apostolo Giovanni scrisse quello che vide e sentì stando accanto alla croce sulla quale era fissato Gesù. C'erano molte donne, incluse Maria, madre di Gesù, Salomè, sorella di Sua madre, Maria, moglie di Cleopa e Maria Maddalena. In Giovanni 19:26-27 leggiamo che Gesù dice alla sconsolata Maria, Sua madre, di pensare a Giovanni come al proprio figlio e incoraggia Giovanni a prendersi cura di lei come se fosse sua madre:

> "Gesù allora, vedendo sua madre e presso di lei il discepolo che egli amava, disse a sua madre: «Donna, ecco tuo figlio!». Poi disse al discepolo: «Ecco tua madre!». E da quel momento il discepolo l'accolse in casa sua."

Maria: perché "Donna" e non "Madre"?

La parola "madre" non è pronunciata da Gesù, ma è scritta in base al pensiero dell'apostolo Giovanni. Allora perché si rivolge a Maria, colei che Lo aveva partorito chiamandola "donna"?

Nella Bibbia appare chiaramente che Gesù non ha pronunciato il nome "madre".

Per esempio, in Giovanni 2:1-11 leggiamo che Gesù fece il primo miracolo, trasformando dell'acqua in vino e dopo iniziò il Suo ministero. Questo prodigio accadde durante un matrimonio a Canan, in Galilea, al quale erano stati invitati anche Gesù ed i Suoi discepoli. Quando il vino finì, Maria disse a Gesù: "Non hanno più vino", perché sapeva che come Figlio di Dio, Egli aveva la capacità di compiere miracoli. Gesù però, le rispose "Mia cara donna, perché mi coinvolgi in questo? Il mio tempo non è ancora arrivato".

E continuò dichiarando che fino ad allora non era giunto il tempo in cui mostrare Se stesso come Messia, anche se Maria era dispiaciuta per gli ospiti in quanto il vino era finito. Il trasformare l'acqua in vino, spiritualmente vuol dire che Gesù avrebbe versato il Suo sangue sulla croce. Gesù, parlando di Sé, proclamò di essere venuto al mondo come nostro Salvatore, per compiere il piano divino della salvezza umana attraverso la croce. Per questo Gesù chiamò Maria "donna" e non "madre".

Inoltre il nostro Salvatore Gesù è Dio nella Trinità e Creatore. Dio Creatore è l'IO SONO (Esodo 3:14) ed è il Primo e l'Ultimo (Apocalisse 1:17, 2:8). Da ciò appare chiaramente che Gesù non ha una madre, ecco perché, Egli chiamò Maria "donna" e non "madre".

Oggi, molti figli di Dio si riferiscono a Maria come "la santa madre" di Gesù, fabbricando anche statue in suo onore per adorarla. Bisogna capire che questo è assolutamente sbagliato, perché Maria non è la madre del nostro Salvatore (Esodo 20:4).

La cittadinanza del cielo

Gesù confortò Maria, che era in grande angoscia per la Sua crocifissione, dicendo al Suo discepolo amato, Giovanni, di prendersi cura di lei come la sua stessa madre. Anche se Gesù soffriva di un dolore tremendo sulla croce, era comunque profondamente interessato a quello che sarebbe successo a Maria dopo la Sua morte. Qui, si può sperimentare il Suo amore.

Attraverso la terza frase di Gesù sulla croce, comprendiamo che in fede siamo tutti i fratelli e sorelle, ovvero, la famiglia di Dio. Considera Matteo 12:48-50, l'episodio in cui la Sua famiglia va a visitarLo; quando Gli viene riferito che Sua madre ed i Suoi fratelli erano di fuori, Egli disse alla folla:

> "... *«Chi è mia madre e chi sono i miei fratelli?»*. *E, distesa la mano verso i suoi discepoli, disse: «Ecco mia madre e i miei fratelli. Poiché chiunque fa la volontà del Padre mio, che è nei cieli, mi è fratello, sorella e madre».*"

Così come la tua fede cresce dopo aver ricevuto Gesù Cristo, anche il tuo senso di cittadinanza celeste diviene più chiaro; potrai amare i tuoi fratelli e sorelle in Cristo anche più dei membri della tua famiglia biologica. Se i tuoi famigliari non sono figli di Dio, la tua famiglia non sarà unita per sempre a te perché, la tua relazione con essa finisce con la morte terrena. Se i tuoi cari non credono in Gesù Cristo e non vivono secondo la volontà del Padre, per quanto asseriscano il contrario, andranno all'inferno perché il salario del peccato è la morte (Matteo 7:21).

Il tuo corpo ritorna alla polvere dopo la morte, ma il tuo spirito è immortale. Se Dio prende il tuo spirito, di te rimarrà solo un cadavere che presto andrà in decomposizione. Dio Creatore formò il primo uomo dalla polvere e soffiò l'alito di vita nelle sue narici, rendendo il suo spirito immortale. E' Dio che dà vita al tuo spirito immortale e fa tornare il corpo alla polvere. Per cui, Egli è il tuo vero Padre.

Matteo 23:9 ci dice: *"E non chiamate alcuno sulla terra vostro padre, perché uno solo è vostro Padre, colui che è nei cieli"*. Questo, comunque, non significa che tu non devi amare i tuoi parenti anche se non credenti. E' molto importante invece che tu li ami veramente e predichi loro il Vangelo, facendo il possibile per condurli ad accettare Gesù Cristo.

Eloi, Eloi, Lama Sabachthani?

Gesù fu crocifisso nell'ora terza; dall'ora sesta si fece buio sull'intera terra fino all'ora nona, quando Egli esalò il Suo ultimo respiro. Secondo la concezione moderna del tempo, possiamo affermare che fu crocifisso alle nove del mattino e tre ore dopo, a mezzogiorno, il buio coprì la terra intera fino alle tre del pomeriggio.

> *"Poi, venuta l'ora sesta, si fece buio su tutto il paese*
> *fino all'ora nona. E all'ora nona, Gesù gridò a gran*
> *voce: «Eloì, Eloì, lammà sabactanì?». Che, tradotto*
> *vuol dire: «Dio mio, Dio mio, perché mi hai*
> *abbandonato?»." (Marco 15:33-34).*

Sei ore più tardi, all'ora nona, Egli pronunciò la Sua quarta frase dalla croce gridando a Dio: "Eloi, Eloi, lama Sabachthani?".

Gesù era esausto: appeso alla croce da sei ore, sotto il sole rovente del deserto, mentre versa sangue ed acqua; era completamente sfinito. Ma perché gridò?

Le sette frasi di Gesù proferite alla croce hanno un significato spirituale, e se non fossero state udite, sarebbero state inutili; infatti, furono pronunciate allo scopo di essere registrate nella Bibbia perché tutti potessero comprendere la volontà di Dio.

Gesù, dunque, gridò queste parole con tutta la forza rimasta, perché le persone intorno a Lui potessero sentirle chiaramente, poi riportarle e trascriverle nella storia.

Alcuni dicono che Gesù urlò per risentimento verso Dio, perché Lo fece venire al mondo nella carne per sottoporLo a questo grande dolore immeritato. Ma questo non è assolutamente vero.

Perché Gesù gridò *"Eloi, Eloi, Lama Sabachthani?"*

La ragione per cui Gesù venne in terra fu quella di distruggere le opere del diavolo ed aprire la porta della salvezza per noi.

Egli obbedì alla volontà di Dio fino al punto della morte

sacrificale. Prima della Sua crocifissione, pregò così intensamente che il sudore si trasformò in gocce di sangue che dal Suo volto caddero in terra (Luca 22:42-44). Egli portò il Suo fardello, perché conosceva il piano di Dio per gli esseri umani e sapeva esattamente quale sofferenza avrebbe dovuto sopportare sulla croce: maltrattamenti e patimenti. Quindi, come poteva Gesù risentirsi nell'affrontare la morte? Il Suo gridare non era spinto da sospiri di dolore o rimproveri verso Dio, ma da ben altre ragioni.

Primo, Gesù voleva proclamare al mondo di essere stato crocifisso per riscattare tutti gli uomini dal peccato.

Voleva tutti capissero che, nonostante fosse l'unico e solo Figlio di Dio, aveva lasciato la Sua gloria in cielo per essere completamente abbandonato dal Padre. Gridò perché tutti sapessero della Sua tremenda sofferenza sulla croce, motivata dalla salvezza e dal riscatto degli uomini peccatori. La Bibbia dichiara che durante la Sua vita, Gesù chiamava Dio "Padre mio", ma sulla croce Gli si rivolse dicendoGli "Dio mio". E questo perché prese il castigo al posto dei peccatori, che non possono rivolgersi a Dio chiamandoLo "Padre".

In quel momento Egli non si poteva più compiacere nel Suo Figliolo, diventato ormai un peccatore carico delle colpe di tutti gli altri esseri umani. No, Gesù non poteva più dirGli "Padre". Tu Lo puoi interpellare con "Abba Padre" quando c'è amore reciproco tra voi; ma se ti allontani da Lui perché hai commesso peccato oppure perché la tua fede si è indebolita, Lo chiamerai solo "Dio".

Egli vuole che tutti gli uomini divengano Suoi figli veri, desidera farsi chiamare "Padre" anche da te, e questo avviene accettando Gesù Cristo e camminando nella luce.

Secondo, Gesù voleva avvertire le persone che ancora non conoscono la volontà di Dio e che vivono nelle tenebre.

Dio mandò in questo mondo Gesù Cristo, il Suo unico e solo Figlio, permettendo che fosse ingiuriato e crocifisso dalle Sue stesse creature. Il Figlio, comprendeva la motivazione del disprezzo di Suo Padre, ma per la folla che Lo crocifisse non era certo così. Gesù gridò "Dio mio, Dio mio, perché mi hai abbandonato?" affinché chi ancora non conosceva l'amore divino, potesse ora afferrarlo e comprenderlo, pentirsi e convertire il cammino della propria vita verso la via della salvezza.

Ho Sete

Nel Vecchio Testamento, vi sono numerose profezie riguardanti le sofferenze di Gesù sulla croce. Il Salmo 69:21 conferma: *"Mi hanno invece dato fiele per cibo, e per dissetarmi mi hanno dato da bere dell'aceto"*. Accadde esattamente così: quando Gesù disse "Ho sete", inzupparono una spugna nell'aceto di vino e, dopo averla fissata ad un bastone tratto da un ramo di issopo, l'allungarono verso le Sue labbra.

"Dopo questo, sapendo Gesù che ogni cosa era ormai compiuta, affinché si adempisse la Scrittura, disse: «Ho sete». Or c'era là un vaso pieno d'aceto. Inzuppata dunque una spugna nell'aceto e postala in cima ad un ramo d'issopo gliela accostarono alla bocca." (Giovanni 19:28-29).

Molto prima della nascita di Gesù Cristo a Betlemme, i salmisti ebbero la visione della Sua morte sulla croce e quindi, espressero per iscritto questo argomento. Gesù disse "Ho sete", per adempiere le Scritture.

Adesso analizziamo il significato spirituale di questa frase, la quinta, pronunciata da Gesù alla croce.

Gesù dichiara la Sua sete spirituale

Molte persone riescono a sopportare la fame ma non la sete. Essendo già trascorse sei ore dalla Sua crocifissione, Gesù era completamente sfinito; aveva versato il Suo sangue sotto il sole ardente del deserto e quindi la Sua sete era certamente arrivata a livelli che superano la nostra immaginazione.

Certo, non dico questo pensando che Gesù non fosse in grado di sopportare la sete; infatti, sapeva benissimo che molto presto sarebbe ritornato in pace da Dio.

Egli aveva più dolore per la sete spirituale che per quella fisica. Ed è questo il forte desiderio di Gesù rivolto ai figlioli di Dio:

"Ho sete perché ho versato tutto il mio sangue. Alleviate la mia sete pagando per il mio sangue".

Sono passati duemila anni dalla Sua morte sulla croce, ma Egli ancora ci ripete di avere sete. Una sete causata dallo spargimento del Suo sangue, per il perdono dei nostri peccati.

Gesù ci dice di avere sete per rendere manifesta la Sua buona volontà nel salvare le anime perdute ed aprire loro il cielo e la vita eterna. Per questo i redenti, devono compensare, contraccambiare, questo sacrificio.

L'unico modo per "ripagarlo" del Suo sangue e soddisfare la Sua sete, è condurre sulla via della salvezza le persone che inconsapevolmente stanno camminando verso l'inferno.

Dobbiamo essere veramente grati a Gesù per aver versato il Suo sangue prezioso e perché possiamo anche soddisfare la Sua sete.

È compiuto!

In Giovanni 19:30 è scritto che il Salvatore ricevette da bere, e poi disse: "E' compiuto" e chinando il capo rese il Suo spirito. Non accettò la spugna imbevuta e fissata ad un ramo di issopo, perché la Sua sete era diventata insostenibile, ma per manifestare invece, il significato spirituale contenuto in questo Suo atto.

La ragione per cui Gesù venne in questo mondo nella carne, come già ho espresso altre volte, era quella di essere crocifisso per i peccati dell'umanità. Nel Suo grande amore per noi, Gesù adempì la legge del Vecchio Testamento e si caricò di ogni nostro peccato e maledizione. Durante quei tempi, le persone offrivano sacrifici di sangue animale a Dio per le loro trasgressioni; Gesù, versando il Suo sangue, costituì l'unico e solo sacrificio per i peccati di ogni tempo (Ebrei 10:11-12). Le tue colpe sono dunque perdonate quando ricevi Gesù Cristo, perché Egli ti ha riscattato. La grazia che redime attraverso di Lui, si riferisce al vino nuovo e Gesù bevve aceto di vino, per darci quel vino nuovo.

Il significato spirituale della frase "E' Compiuto"

"E' compiuto!", disse Gesù, poi rese il Suo spirito: cosa significa spiritualmente?

Venne al mondo come uomo, predicò il Vangelo, guarì da tutte le malattie ed infermità, e aprì la via della salvezza portando la croce, per tutti quelli che erano stati destinati alla morte.

Egli adempì la legge del Vecchio Testamento con amore, Si sacrificò fino alla morte e vinse sul diavolo distruggendo completamente la sua opera. Sì, Gesù portò a compimento il piano divino per la salvezza umana. Proprio per questo sulla croce disse: "E' compiuto".

Dio vuole che i Suoi figli adempiano tutto vivendo nella Sua volontà come l'unigenito Figlio, che realizzò la completa provvidenza della redenzione ubbidendoGli, fino al sacrificio estremo secondo il piano divino.

Perciò, prima devi imitare il cuore del tuo Signore guadagnando amore spirituale: portare i nove frutti dello Spirito Santo (Galati 5:22-23) ed attenerti alle Beatitudini (Matteo 5:3-10). Devi essere fedele all'opera che il Signore ti ha assegnato;

devi condurre al Signore più persone possibile, pregando con fervore, predicando il Vangelo e servendo la chiesa.

Spero che ognuno di voi, preziosi figli di Dio, vinciate il mondo con fede ferma, speranza per il cielo, amore per il nostro Dio e proclamiate "E' compiuto", avendo rispettato il Signore e la Sua volontà come Lui stesso ha dimostrato.

Padre, nelle Tue Mani rimetto il Mio Spirito

Nel momento in cui Gesù pronunciò le Sue ultime parole sulla croce, era completamente sfinito; riuscì comunque a proferire ad alta voce: "Padre, nelle Tue mani io rimetto il mio spirito".

"E Gesù, gridando con gran voce, disse: «Padre, nelle tue mani rimetto il mio spirito». E detto questo, rese lo spirito." (Luca 23:46).

Puoi notare che in questo passaggio Gesù chiamò l'Eterno nuovamente "Padre", invece che "Dio mio"; ciò indica che, essendo divenuto sacrificio di espiazione, Gesù aveva completato la Sua missione.

Gesù rese il Suo spirito e la Sua snima a Dio

Perché Gesù, che venne in terra come nostro Salvatore, rese il Suo spirito e la Sua anima nelle mani del Padre?

L'uomo è composto di spirito, anima e corpo (1°
Tessalonicesi 5:23) e quando muore, i primi due elementi
lasciano il corpo. Se uno è figlio di Dio, lo spirito e l'anima sua al
momento del trapasso, torneranno vicino al Padre,
contrariamente, andranno all'inferno (Luca 16:19-31); il corpo
invece sarà seppellito e ritornerà alla polvere.

Gesù, il Figlio di Dio, che venne in questo mondo rivestendo
un corpo umano, come tutti noi era composto da spirito, anima
e corpo. Quando fu crocifisso il Suo corpo morì, ma non fu così
per lo spirito e l'anima, perché Egli li consegnò nelle mani di
Dio.

Al momento della morte, sarà la stessa cosa anche per te. Non
potresti mai esperimentare la vera felicità e la piena gratitudine
nel cielo, se Dio ricevesse solamente il tuo spirito. Perché? Perché
non ricorderesti quello che scaturisce dall'anima, come lacrime,
dolore, sofferenza ed altre esperienze vissute su questa terra. Ecco
perché Dio riceve sia l'uno spirito che l'altra.

Perché Gesù rese spirito ed anima al Padre? Perché Costui è il
Creatore che governa su tutto l'universo e si prende cura di vita,
morte, benedizioni e maledizioni; questo per ribadire che tutto
appartiene a Dio ed è sottomesso alla Sua sovranità. Egli è
l'Unico che risponde alle tue preghiere e lo stesso Gesù, ha
dovuto pregare per consegnare il Suo spirito e la Sua anima a Dio
Padre (Matteo 10:29-31).

Gesù pregò ad alta voce

Perché Gesù pregò ad alta voce, nonostante la Sua grande

sofferenza, dicendo: "Padre, nelle Tue mani rimetto il mio spirito"?

Perché voleva che le persone sentissero e sapessero che pregare invocando l'Eterno con clamore rientra nella volontà di Dio. La preghiera con la quale rese lo spirito a Dio era intensa come quella espressa nel Getsemani poco prima del Suo arresto.

Inoltre, questa Sua invocazione dalla croce, prova che Egli portò tutto a compimento secondo la volontà divina. In quel momento il Figlio ha potuto consegnare il Suo spirito al Padre con onore, dopo aver completato il Suo lavoro in piena obbedienza.

L'apostolo Paolo ci riferisce: *"Ho combattuto il buon combattimento, ho finito la corsa, ho serbato la fede. Per il resto, mi è riservata la corona di giustizia che il Signore, il giusto giudice, mi assegnerà in quel giorno, e non solo a me, ma anche a tutti quelli che hanno amato la sua apparizione."* (2° Timoteo 4:7-8).

Anche il diacono Stefano visse secondo la volontà di Dio e mantenne la fede; ecco perché, esalando il suo ultimo respiro, ha potuto pregare dicendo: "Signor Gesù, ricevi il mio spirito" (Atti 7:59). L'apostolo Paolo e Stefano non avrebbero potuto pregare in tale modo se avessero condotto una vita mondana, ricercando i piaceri che scaturiscono dalla natura peccaminosa.

Allo stesso modo, se vivrai semplicemente secondo la volontà di Dio Padre, anche tu potrai dire orgogliosamente: "Tutto è compiuto; Padre, nelle Tue mani rimetto il mio spirito", proprio come ha fatto Gesù.

Cosa accadde dopo la morte di Gesù?

Gesù morì sulla croce dopo avere pronunciato le Sue ultime parole ad alta voce. Era l'ora nona (le tre del pomeriggio), ma nonostante fosse ancora pieno giorno, l'oscurità ricoprì la terra fin dall'ora sesta (mezzogiorno) e la cortina del tempio fu strappata in due parti (Luca 23:44-45).

> *"Ed ecco, il velo del tempio si squarciò in due, da cima a fondo; la terra tremò e le rocce si spaccarono; i sepolcri si aprirono e molti corpi dei santi, che dormivano, risuscitarono; e, usciti dai sepolcri dopo la risurrezione di Gesù, entrarono nella santa città e apparvero a molti." (Matteo 27:51-53).*

C'è un importante significato spirituale nella frase "il velo del tempio si squarciò in due, da cima a fondo". La lunga cortina del tempio separava il Luogo Santo dal Luogo Santissimo; nessuno poteva entrare nel primo eccetto il sacerdote, e solamente il sommo sacerdote poteva accedere una volta l'anno nel Luogo Santissimo.

Prima che la tenda fosse strappata, il sommo sacerdote fece offerte per il peccato in favore del popolo intercedendo per lui davanti a Dio. La cortina rotta del tempio indica che Gesù diede Se stesso come offerta di pace per abbattere il muro del peccato.

Tu puoi avere una relazione diretta con Dio perché il muro del peccato è stato abbattuto attraverso la morte di Suo Figlio, ovvero, chiunque crede in Gesù Cristo ha ora accesso al santo santuario per adorare e pregare l'Eterno, senza la mediazione dei sommi sacerdoti o dei profeti.

Per questo l'autore della lettera agli Ebrei commenta: *"Avendo dunque, fratelli, libertà di entrare nel santuario, in virtù del sangue di Gesù, che è la via recente e vivente che egli ha inaugurato per noi attraverso il velo, cioè la sua carne."* (Ebrei 10:19-20).

In aggiunta a quanto sopra descritto, la terra tremò e le rocce si spaccarono. Tutti questi eventi soprannaturali ci mostrano che l'intera natura di questo mondo fu scossa: una rappresentazione del dolore di Dio causato dalla cattiveria dell'uomo. Dio espresse la profondità del Suo dolore perché l'uomo aveva fortemente indurito il suo cuore, invece di ricevere Gesù Cristo, il Suo unigenito Figlio donato per salvare l'umanità.

Le tombe si aprirono ed i corpi di molte persone sante furono restituiti alla vita. Questa è l'evidenza della risurrezione per chiunque crede in Gesù Cristo, che riceve il perdono e la nuova nascita.

Senza dubbio, adesso hai una comprensione maggiore riguardo al significato spirituale delle sette frasi pronunciate sulla croce, perciò, spero che tu possa assimilare l'amore di Dio, per condurre una vita cristiana vittoriosa aspettando ardentemente il ritorno del Signore, come fecero i padri della fede.

Capitolo 8

La Fede Vera e la Vita Eterna

- Che Mistero profondo è Questo!
- Le false Confessioni non conducono alla Salvezza
- La Carne ed il Sangue del Figlio dell'Uomo
- Il Perdono attraverso il Cammino nella Luce
- La Fede in Azione è la vera Fede

Chi mangia la mia carne e beve il mio sangue, ha vita eterna, e io lo risusciterò nell'ultimo giorno. Poiché la mia carne è veramente cibo e il mio sangue è veramente bevanda. Chi mangia la mia carne e beve il mio sangue, dimora in me ed io in lui. Come il Padre vivente mi ha mandato ed io vivo a motivo del Padre, così chi si ciba di me vivrà anch'egli a motivo di me.

Giovanni 6 :54-57

Lo scopo finale per cui credere in Gesù Cristo e frequentare la chiesa, è la salvezza, la vita eterna. Molte persone pensano di essere salvate solo perché vanno in chiesa la domenica e dichiarano di credere in Gesù Cristo, senza però vivere secondo la Parola di Dio.

Ma si legge in Galati 2:16 molto chiaramente che: *"L'uomo non è giustificato per le opere della legge"*. Non puoi andare in cielo o essere giustificato solo osservando la legge in modo superficiale, soprattutto se il tuo cuore è pieno di malvagità. Non puoi avere relazione con il Signore Gesù Cristo se continui a peccare e non ti attieni alle Scritture, anche se le hai studiate bene.

Perciò, devi comprendere che è difficile essere salvato se professi la tua fede solo con le labbra. Il sangue di Gesù Cristo ti purifica dai peccati per salvarti solamente quando cammini nella luce e vivi nella verità; dovresti accompagnare alla tua fede vera le azioni (1 Giovanni 1:5-7).

Adesso osserviamo come poter avere fede vera affinché, essendo figli genuini di Dio, riceviamo la salvezza completa e la vita eterna.

Che Mistero profondo è Questo!

In Efesi 5:31-32 leggiamo: *"'Perciò l'uomo lascerà suo padre e sua madre e si unirà a sua moglie, e i due diverranno una sola carne.' Questo mistero è grande; or lo dico in riferimento a Cristo e alla chiesa"*.

Il senso comune ci detta che quando i figli sono cresciuti, è normale che lascino i propri genitori per unirsi al marito o alla moglie. Allora perché Dio lo considera un mistero profondo? Se interpreti e comprendi questo verso letteralmente, non riuscirai a capirlo; ma se ne afferri il senso spirituale, sarai riempito di gioia.

In questo versetto la parola "chiesa" si riferisce ai figli di Dio che hanno ricevuto lo Spirito Santo; vale a dire che Dio paragona la relazione tra Gesù Cristo ed i credenti a quella tra un uomo e una donna uniti nel matrimonio.

Come si può lasciare questo mondo ed essere uniti con il nostro Sposo celeste, Gesù Cristo?

Accettare Gesù Cristo per fede

Il peccato, come ben sappiamo, è entrato in questo mondo dal momento che il primo uomo, Adamo, fallì disubbidendo a Dio e tutti i suoi discendenti divennero schiavi dell'errore e figli del nemico, il diavolo, che domina sulla terra.

Prima di accettare Gesù Cristo, anche tu appartenevi al maligno ed a questo mondo di tenebre sul quale egli ha potere. Questo è confermato in Giovanni 8:44 che dice: *"Voi siete dal diavolo, che è vostro padre, e volete fare i desideri del padre vostro"* e 1° Giovanni 3:8 prosegue: *"Chiunque commette il peccato è dal diavolo".*

Quando accogli Gesù Cristo come Salvatore e vieni alla luce, ricevi l'autorità di figlio di Dio e sei liberato dal peccato grazie al Suo sangue.

Se credi con fede che Gesù Cristo ti ha riscattato attraverso l'opera della croce, il Signore ti darà lo Spirito Santo come dono. Questo è lo Spirito che dà vita al tuo, insegnandoti la volontà divina facendoti vivere nella verità, e facendoti diventare un figlio di Dio; per cui potrai gridare "Abba Padre" (Romani 8:14-15) ed ereditare il regno dei cieli.

Quanto è meraviglioso e misterioso il fatto che i figli del diavolo, il cui futuro sarebbe quello di precipitare nella morte eterna, hanno la possibilità di diventare figli di Dio ed essere condotti in cielo attraverso la fede!

Quando sei unito a Gesù Cristo per aver creduto in Lui, lo Spirito Santo entra nel tuo cuore congiungendosi al seme della vita. Dio creò il primo uomo dalla polvere e soffiò nelle sue narici l'alito di vita: esso è il seme della vita, ovvero la vita stessa; non morirà mai ed è passato di generazione in generazione attraverso l'incontro del seme maschile e l'ovulo femminile degli esseri umani.

Questo seme di vita è avvolto dal cuore. Dopo aver creato Adamo, Dio piantò la conoscenza della vita e dello spirito nel suo cuore. Come un bambino deve studiare molto ed acquisire nozioni di questo mondo per diventare da adulto un uomo di cultura e di carattere per vivere una meritevole esistenza, così l'essere umano, per quanto egli stesso sia vita, ha bisogno di una maggiore conoscenza di essa per divenire un vero individuo maturo.

Adamo una volta aveva solamente la conoscenza dello spirito, vale a dire la verità; però, dopo la disobbedienza la comunicazione con Dio fu disconnessa e perdendo sempre più la comprensione dello spirito, la falsità prendeva posto nel suo cuore, poco a poco.

Da allora in poi il cuore dell'uomo, che originariamente era solamente ripieno di verità, venne colmato da qualcos'altro: la falsità. Più chiaramente, Adamo aveva amore nel suo cuore, ma il diavolo vi piantò la falsità chiamata odio; di conseguenza, come puoi vedere in Genesi 4, Caino il figlio nato da Adamo dopo che questi commise il peccato, uccise suo fratello Abele per invidia e gelosia.

Col passare del tempo nel cuore umano, oltre alla verità ed alla falsità, cominciò a svilupparsi la "natura". Ascolta: primo, tu hai ereditato le caratteristiche ed i tratti somatici dai tuoi genitori; secondo, inserisci tutto ciò che vedi, senti ed impari, nella tua mente, insieme ai sentimenti. Questi due elementi formano la "natura" nella ricerca della verità.

Questa natura è spesso chiamata "coscienza" ed è diversa per ogni individuo, a seconda delle persone che si incontrano, delle nostre letture e delle circostanze in cui si cresce. Prendiamo in considerazione uno stesso evento o uno stesso individuo: alcuni direbbero a riguardo "E' malvagio"; altri "Va bene", oppure "E' tutta bontà".

Analizzando il cuore dell'uomo, vediamo dunque che c'è una parte vera che appartiene a Dio; una falsa, che è stata data da

Satana; infine ecco la natura umana, che si forma nell'individuo come risultato delle prime due.

Lo Spirito Santo unito al seme della vita

Nel caso di Adamo, queste tre parti avvolsero e circondarono il seme di vita messo da Dio nel suo cuore, nel momento in cui si adempirono le parole divine: "Certamente morirete"; e ciò avvenne non appena l'uomo mangiò dall'albero della conoscenza del bene e del male. Quindi, è chiaro che il seme di vita è lì, ma se non agisce perché bloccato o soffocato, è come se fosse morto.

Per esempio: quando semini un campo non tutti i semi germogliano, perché alcuni di essi sono già morti; ma quelli vivi, cresceranno sicuramente.

Lo stesso vale per gli esseri umani: se il seme di vita donato da Dio fosse completamente morto, non potrebbe rivivere; in tal caso, non ci sarebbe stato bisogno che Dio preparasse Gesù Cristo per la salvezza degli esseri umani o che creasse il cielo e l'inferno.

Comunque sia, il seme della vita dato all'uomo nel momento in cui l'Eterno soffiò l'alito vitale in lui, è eterno. Più dominante è la parte vera nel suo cuore, più facilmente l'uomo potrà accettare la Buona Novella ed il Salvatore Gesù Cristo. Da quel momento, lo Spirito Santo si unisce al seme della vita che ha sede nel cuore ed esso sarà da Lui vivificato.

Al contrario, le persone con la coscienza completamente inaridita, non hanno spazio per il Vangelo perché la falsità del loro cuore avvolge questo seme, nascondendolo completamente.

In conclusione, il seme della vita, rimasto a lungo in uno stato di morte, ottiene forza ed energia per compiere la sua funzione quando si unisce al grande potere di Dio, lo Spirito Santo.

Divenire una persona spirituale

Partecipando fedelmente ai servizi di culto, realizzi la forza della Parola di Dio e della preghiera; così la grazia del Signore e la Sua potenza vengono in te rendendoti idoneo a seguire la natura dello Spirito Santo.

Attraverso questo processo di crescita, lo spirito ed il cuore diventeranno uno in te, perché quest'ultimo sarà sempre più sincero grazie alla verità che rimuove da esso la falsità, sostituendola. Se il cuore di un individuo è ripieno della conoscenza di Spirito e verità, esso stesso diventa spirito, proprio come è stato per il primo uomo, Adamo.

Non sarai però trasformato in uomo spirituale se per quanto fedele tu sia, non preghi. Con questa negligenza, agirai secondo la tua natura, impedendo allo Spirito Santo di vivificare il tuo spirito e rimarrai una persona carnale. Sappi comunque, che non puoi nemmeno seguire la natura spirituale, pur pregando diligentemente o molto a lungo, se non spezzi i tuoi stessi pensieri e le tue argomentazioni.

Lo Spirito Santo ti porta a pensare in base alla verità che è nel tuo cuore e di riflesso, ti farà vivere secondo i Suoi desideri. Satana, di conseguenza, lavorerà nello stesso modo per condurti sulla via opposta, quella della distruzione, facendoti seguire i pensieri carnali dettati dalla menzogna ancora presente in te.

Devi quindi liberarti tanto dei pensieri carnali quanto della tua giustizia, perché in 2° Corinzi 10:5 leggiamo: *"... affinché distruggiamo le argomentazioni ed ogni altezza che si eleva contro la conoscenza di Dio e rendiamo sottomesso ogni pensiero all'ubbidienza di Cristo ".*

Se obbedisci alla Parola di Dio, dicendo "Sì" e segui i desideri dello Spirito Santo, il tuo cuore sarà completamente ripieno di verità. Allora diventerai una persona spirituale perfettamente santificata.

Puoi ricevere qualsiasi cosa tu chieda

Una volta libero dalla falsità e spezzata la tua "propria giustizia", darai vita al tuo spirito attraverso il Suo, renderai il tuo cuore puro come il Suo e sarai uno con Lui, il Signore.

Un uomo ed una donna diventano una sola carne e attraverso la loro unione avviene il concepimento di un bambino; similmente, rinunciando al mondo diventi uno con il tuo Sposo celeste Gesù Cristo e vivificato nello spirito, ricevi le abbondanti benedizioni dei figli di Dio.

Romani 12:3 dichiara che vi sono misure di fede secondo le quali tu ricevi risposte. In 1° Giovanni 2:12 e nei versetti successivi, la Bibbia paragona il processo di crescita della fede a quello di crescita degli esseri umani.

Coloro che accettano Gesù Cristo, sono salvati e ricevono lo Spirito Santo, hanno la fede dei piccoli bambini (1° Giovanni 2:12); chi cerca di agire nella verità, ha la fede dei bambini (1° Giovanni 2:13).

Applicando la verità alle proprie azioni, si cresce di livello e si avrà allora la fede dei giovani (1° Giovanni 2:13); crescendo ancora di più, si raggiungerà la fede dei padri (1° Giovanni 2:13).

Leggendo nel Vecchio Testamento la storia di Giobbe, noti che Dio lo riconobbe come uomo irreprensibile e giusto; poi Satana incuriosito da ciò, sfidò l'Eterno chiedendoGli di metterlo alla prova ed Egli acconsentì. Giobbe, sicurissimo di essere "giusto", ben presto si rese conto della sua malvagità: si pentì davanti a Dio quando la sua natura empia divenne palese a motivo della dura prova. La sua auto-giustizia fu spezzata ed il suo cuore divenne giusto e puro agli occhi di Dio. Solamente allora, l'Eterno poté benedirlo più abbondantemente di prima, con il doppio di ogni suo avere e facoltà.

Lo stesso vale anche per te: se ottieni la più alta misura di fede, quella dei padri, per aver spezzato la tua auto-giustizia ed essere diventato uno con il Signore, riceverai le benedizioni traboccanti dei veri figli di Dio. Questo è ciò che Dio ha promesso in 1° Giovanni 3:21-22: *"Carissimi, se il nostro cuore non ci condanna, abbiamo fiducia davanti a Dio e qualunque cosa chiediamo, la riceviamo da lui, perché osserviamo i suoi comandamenti e facciamo le cose che gli sono gradite"*.

Le benedizioni di un figlio di Dio

Abbiamo visto come puoi essere uno con Gesù Cristo fino a diventare persona spirituale. Questa, è una benedizione che cresce in proporzione a quanto vivi secondo la giustizia e la rettitudine divina.

Gesù, in Giovanni 15:7 ha promesso: *"Se dimorate in me e le mie parole dimorano in voi, domandate quel che volete e vi sarà fatto"*, ed anche in Giovanni 17:21 prosegue: *"affinché siano tutti uno, come tu, o Padre, sei in me e io in te, siano anch'essi uno in noi, affinché il mondo creda che tu mi hai mandato"*.

Unito al Signore, separato quindi da questo mondo dominato dal potere del diavolo e delle tenebre, diventerai uno con il Padre. A riguardo, Galati 4:4-7 afferma quanto segue:

"Ma, quando è venuto il compimento del tempo, Dio ha mandato suo Figlio, nato da donna, sottoposto alla legge, perché riscattasse quelli che erano sotto la legge, affinché noi ricevessimo l'adozione. Ora perché voi siete figli, Dio ha mandato lo Spirito del Figlio suo nei vostri cuori che grida: «Abba, Padre», perciò tu non sei più servo, ma figlio; e se sei figlio, sei anche erede di Dio per mezzo di Cristo."

Così come si ereditano proprietà e ricchezze naturali dai genitori, tu accettando Gesù Cristo, diventi figlio di Dio e ne erediti il regno.

Siccome il cielo è un luogo puro e pieno di verità, coloro i quali non sono vivificati e rinnovati dallo Spirito Santo, non vi potranno andare, li aspetta l'inferno. Al contrario, dalla tua prosperità spirituale e la tua unità con Dio, dipenderà la gloria che proverai nello stare più vicino a Lui un giorno, nel cielo.

Spero perciò, che tu riceva la benedizione della vita eterna, accetti lo Sposo celeste Gesù Cristo e diventi uno con Lui ed il

Padre, attraverso la rinuncia della falsità del cuore e della tua giustizia. Allora, potrai dare tutta la gloria a Dio.

Le false Confessioni non conducono alla Salvezza

Gesù Cristo, ti condurrà alla vita eterna ed alla benedizione, sarà il tuo vero Sposo attraverso la fede, che diventerà perfetta, se il tuo cuore somiglierà al Suo. Così, oltre ad ereditare il regno dei cieli, risplenderai come il sole.

Leggendo attentamente la Bibbia, notiamo che alcune persone, sebbene dichiarino di credere in Dio, non sono salvate. In Matteo 25, c'è la parabola delle dieci vergini: cinque di loro, le sagge, avevano con sé una riserva di olio e furono salvate; le altre cinque, poco sagge, non ebbero la stessa sorte.

Anche se tutti dichiarano di avere la fede, Dio descrive chiaramente nella Sua Parola, chi può e chi non può essere salvato. Attraverso questi parametri, puoi capire benissimo che stile di vita condurre per giungere alla salvezza.

Matteo 7:21 recita: *"Non chiunque mi dice: 'Signore, Signore' entrerà nel regno dei cieli; ma chi fa la volontà del Padre mio che è nei cieli"*. Se chiami Gesù 'Signore, Signore' significa che Lo riconosci come il Cristo; però non puoi essere salvato solamente per aver invocato il Suo nome e perché frequenti sempre la chiesa ogni domenica.

Gli operatori d'iniquità non possono essere salvati

In Matteo 13:40-42 Dio parla del Giudizio:

"Come dunque si raccoglie la zizzania e si brucia nel fuoco, così avverrà alla fine del mondo. Il Figlio dell'uomo manderà i suoi angeli, ed essi raccoglieranno dal suo regno tutti gli scandali (tutto ciò che causa peccato) e gli operatori d'iniquità, e li getteranno nella fornace del fuoco. Lì sarà pianto e stridore di denti."

Quando il grano è maturo, il coltivatore lo raccoglie, lo deposita nei suoi granai e nel frattempo, brucia la zizzania col fuoco. Allo stesso modo, in questo passaggio, Dio sta dicendo che coloro i quali non sono retti ai Suoi occhi, dovranno affrontare una punizione.

"Tutti gli scandali", (nella versione inglese si legge "Tutto ciò che causa peccato"), si riferisce a tutti coloro che, pur dichiarando di credere in Dio, tentano i fratelli e le sorelle in Cristo inducendoli a perdere la fede. Non potrai essere salvato se persuadi altre persone a peccare ed a compiere il male.

Ma cos'è il male? In 1° Giovanni 3:4 si legge: *"Chiunque commette il peccato, commette pure una violazione della legge; e il peccato è violazione della legge"*.

Così, come ogni paese ha il suo specifico ordinamento legislativo, nel regno di Dio vige la legge spirituale costituita dalla Parola divina scritta nella Bibbia. Chiunque la viola, è condannato, come chiunque infrange la legge sarà perseguito secondo essa. Perciò, trasgredire la Parola di Dio oltre ad essere male, è soprattutto peccato.

Possiamo suddividere la legge di Dio in quattro categorie generali: 1° Fare, 2° Non fare, 3° Mantenere, 4° Gettare". Siccome Egli è luce, raccomanda ai Suoi figli di vivere in essa e quindi chiede loro di: fare ciò che è giusto, non fare ciò che è sbagliato, mantenere (osservare) i propri doveri come figli Suoi e gettare (allontanare, abbandonare) quello che Lui detesta.

In Deuteronomio 10:13, Dio ti richiede di: *"osservare per il tuo bene i comandamenti dell'Eterno e i suoi statuti che oggi ti comando"*. Riceverai quindi benedizioni, se metti in azione la Parola di Dio; ma trascurandola, riceverai la morte eterna a causa del male e del peccato.

Galati 5:19-21 sottolinea quali sono le opere di un corpo peccaminoso:

> *"Ora le opere della carne sono manifeste e sono: fornicazione, impurità, dissolutezza, idolatria, magia, inimicizie, contese, gelosie, ire, risse, divisioni, sette, invidie, omicidi, ubriachezze, ghiottonerie e cose simili a queste, circa le quali vi prevengo, come vi ho già detto prima, che coloro che fanno tali cose non erediteranno il regno di Dio"*.

La fornicazione (nella versione biblica inglese trattata

dall'autore si legge immoralità sessuale) è qualunque genere d'impurità sessuale, mancanza di castità, relazioni sessuali prima del matrimonio legale. Le impurità sono quelle azioni disordinate che oltrepassano il senso comune, cioè il risultato della natura peccaminosa.

La dissolutezza è il seguire continuamente la propria peccaminosa immoralità sessuale, e vivere secondo parole ed atti adulteri. L'idolatria è l'adorazione di oggetti in oro, argento, bronzo o qualsiasi altra sostanza, ma non solo; è anche l'amare qualcosa o qualcuno più di quanto si ami Dio.

La magia (o stregoneria) è l'adescamento di qualcuno attraverso menzogne ricercate e ben studiate. L'inimicizia (nella versione inglese trattata dall'autore si legge odio) è il desiderio di rovinare le persone verso le quali si è ostili, dunque è l'opposto di amore. La contesa è la lotta per cercare il proprio bene e per ottenere autorità. La gelosia è quel sentimento di sospetto, tormento e diffidenza, che porta ad odiare una persona perché sembra essere migliore di te o stare meglio di te. Per ire e risse (eccesso d'ira) non si intende soltanto l'essere esasperatamente arrabbiato e furibondo, ma provocare danni ad altri a causa di questa collera estrema che ci pervade.

La divisione è formare con ambizione un gruppo separato, che generalmente segue le opere di Satana, perché non si va d'accordo con gli altri. La setta è un gruppo o un partito chiuso e distaccato dall'esterno, e formato secondo i propri pensieri, non quelli dello Spirito Santo; è una fazione che nega Dio, la Trinità e Gesù, che venne in carne per versare il Suo sangue, riscattare gli esseri umani e diventare il Cristo.

L'invidia è il sentimento che ti spinge ad eseguire azioni dannose contro qualcuno a causa della gelosia. L'ubriachezza è lo stato in cui si trova colui che non controlla l'atto del bere alcool. Per ghiottoneria, infine, non si intende soltanto ingordigia nell'ubriacarsi o in altri vizi di gola, indulgenza con se stesso e mancanza di controllo; ma anche il non adempimento ai propri doveri di coniuge e genitore.

Cose simili a queste, significa che la lista degli atti peccaminosi somiglianti ai sopra citati, non finisce qui e coloro che li compiono, non saranno salvati.

Tutti i peccati conducono alla morte?

In questo mondo il "peccato" è solitamente ritenuto tale, quando il suo risultato è il danno apparente e fisico a terzi, sostenuto da una reale evidenza. Dio, la Luce, ci dice che il peccato non è solo una serie di atti peccaminosi ma anche tutta l'oscurità che va contro la luce.

Anche se non sono esposti o confermati, tutti i desideri peccaminosi del tuo cuore (invidia, odio, gelosia, concupiscenza, condanna, insensibilità, disonestà, giudizio...) sono malvagi e quindi, sono peccato.

Ecco perché Dio asserisce: *"Ma io vi dico che chiunque guarda una donna per desiderarla, ha già commesso adulterio con lei nel suo cuore."* (Matteo 5:28) e: *"Chiunque odia il proprio fratello è omicida, e voi sapete che nessun omicida ha la vita eterna dimorante in sé."* (1° Giovanni 3:15). Inoltre, leggiamo: *"... tutto ciò che non viene da fede è peccato."*

(Romani 14:23), e: *"Chi dunque sa fare il bene e non lo fa, commette peccato."* (Giacomo 4:17).

Perciò dovresti comprendere che non fare quello che Dio desidera e comanda è peccato e segno di un comportamento sfrenato.

Ma tutte le persone moriranno se commettono questi peccati? Prima di proseguire, devi considerare che se abbandoni la menzogna per camminare in verità e preghiera, tu cominci a vivere per fede. Sappi, però, che niente ti impedisce di essere salvato anche se, a motivo della tua giovane fede, non hai gettato via completamente la disonestà del cuore.

1° Giovanni 5:16-17 ci dice: *"Se uno vede il proprio fratello commettere un peccato che non sia a morte, preghi Dio, ed egli gli darà la vita, a quelli cioè che commettono peccato che non è a morte. Vi è un peccato che è a morte; non dico egli debba pregare per questo. Ogni iniquità è peccato, ma c'è un peccato che non è a morte"*.

Da questo si evince che i peccati sono divisi in due categorie principali: quelli che conducono alla morte e quelli che non conducono alla morte. Coloro i quali commettono peccati del secondo tipo, saranno salvati se ricevono incoraggiamento, un aiuto in preghiera e una guida al pentimento. Se uno compie purtroppo il peccato a morte, non può essere salvato neanche se si prega per lui.

Persone considerate oneste, potrebbero anche mentire a proprio beneficio, o agire in modo ingannevole pur senza danneggiare altri. Tu ti riconosci peccatore solo quando ti rendi conto della verità, per quanto prima di credere in Dio, pensavi di condurre una vita sana e giusta. Con questo voglio dire che il Signore, oltre ai peccati facilmente individuabili, ti mostra anche quelli nascosti all'occhio umano e che sono presenti nei pensieri malvagi del tuo cuore.

Tutto il male è peccato ed il suo salario è la morte, eppure, Gesù Cristo, ha perdonato ogni tua trasgressione del passato, del presente e del futuro. Questi sono i peccati perdonati dalla potenza del Suo sangue sparso sulla croce a seguito del tuo pentimento ed allontanamento da loro: quelli, cioè, che non conducono alla morte.

Se continui invece a cadere nei falli, la tua coscienza si indurirà, al punto che non vi sarà più spirito di pentimento per te in caso di peccato a morte, e le tue trasgressioni non potranno più essere perdonate.

Ora, vi sono tre tipi di peccato che conducono alla morte: la bestemmia contro lo Spirito Santo, il disonore pubblico al Figlio di Dio, il continuo peccato intenzionale.

La bestemmia contro lo Spirito Santo

Ci sono tre componenti nella bestemmia contro lo Spirito Santo: parlare contro di Lui, opporsi alla Sua opera e disonorarLo.

"Perciò io vi dico: Ogni peccato e bestemmia sarà perdonata agli uomini; ma la bestemmia contro lo Spirito non sarà loro perdonata. E chiunque parla contro il Figlio dell'uomo, sarà perdonato; ma chi

parla contro lo Spirito Santo, non gli sarà perdonato, né in questa età né in quella futura»." (Matteo 12:31-32).

"E chiunque parlerà contro il Figlio dell'uomo sarà perdonato, ma chi bestemmierà contro lo Spirito Santo non sarà perdonato." (Luca 12:10).

Primo: parlare contro lo Spirito Santo

"Parlare contro altri" significa calunniarli e dissuaderli dalle loro opere. "Parlare contro lo Spirito Santo" significa non solo calunniarLo, ma anche interromperne l'opera, secondo la propria volontà e pensiero, per impedire il completamento del regno di Dio. Più chiaramente: se ti opponi all'opera divina perché non coincide con i tuoi pensieri, stai parlando contro di Lui, Lo stai screditando.

Se condanni ingiustamente un servitore di Dio come eretico, allora interrompi l'opera dello Spirito Santo: questo è un peccato talmente terribile di fronte all'Eterno, che non può essere perdonato. Perciò, bisogna sapere riconoscere i diversi spiriti secondo la verità.

Senz'altro devi avvertire ed in caso riprendere, colui che con il proprio comportamento induce altri a ricevere spiriti malvagi e che è certamente considerato eretico agli occhi di Dio. Tito 3:10 consiglia: *"Evita l'uomo settario, dopo una prima e una seconda ammonizione"*.

Oggi molte persone incapaci a discernere gli spiriti, tacciano certe chiese di eresia e le perseguitano in svariati modi, per quanto quest'ultime diano credito a Dio, alla Trinità e siano accompagnate dall'opera dello Spirito Santo. Gli accusatori, anche se affermano di credere in Dio, non hanno sufficiente conoscenza biblica riguardo all'eresia ed alcuni di loro, non ne conoscono neanche la definizione.

Nel caso in cui questi riconoscano la propria mancanza di conoscenza e si aprono alla conversione ed al pentimento, riceveranno il perdono. Continuando, invece, a disturbare l'opera divina con intenzioni malvagie e gelosie varie, pur riconoscendola come azione proveniente dallo Spirito Santo, essi non potranno mai essere perdonati.

Ecco un esempio biblico in Marco capitolo 3. Quando Gesù operò segni miracolosi e prodigi, persone piene di gelosia nei Suoi confronti, diffusero la diceria che Egli fosse una persona furiosa. La voce si sparse ovunque, tanto che i Suoi parenti andarono da Lui per separarLo dalle folle.

Gli insegnanti della legge ed i farisei Lo criticarono dicendo *"Egli ha Beelzebub e scaccia i demoni con l'aiuto del principe dei demoni"* (Marco 3:22). Tutte queste persone avevano una completa conoscenza della Parola di Dio, intendevano molto bene la legge e la insegnavano ad altri; eppure, si opposero all'opera di Dio per la gelosia e l'invidia provata nei confronti del Suo Figliolo.

Secondo: opporsi all'opera dello Spirito Santo.

Significa sfidare la Sua voce rilasciata da Dio, oppure giudicare e condannare le Sue opere ed ancora, cercare di danneggiare altre persone.

Un esempio pratico di questo punto, inteso anche come parlare contro lo Spirito Santo, è la diffusione di maldicenze e di documenti creati per condannare pastori o chiese come "eretici", allo scopo di boicottare riunioni di risveglio o servizi di culto in cui lo Spirito divino è all'opera.

Cosa significa dunque: "Chiunque parlerà contro il Figlio dell'uomo sarà perdonato"?

Parlare contro Gesù, il Figlio dell'uomo, vuole dire ribellarsi a Lui ed accettarLo a malapena come persona perché visse in carne ed ossa come noi. L'incapacità di riconoscerLo come Salvatore crocifisso per riscattarci, è il risultato della mancanza di conoscenza.

Se commetti questo tipo di peccato perché non conosci la verità oppure non hai ancora ricevuto lo Spirito Santo, Dio ti offre un'opportunità di pentimento e di perdono. Sarai salvato e graziato solo se ti penti sinceramente ed accetti il Figlio come Re della tua vita.

Devi però comprendere che non potrai mai essere perdonato se disubbidisci e ti opponi al Signore sapendo esattamente chi è Gesù Cristo, perché questo corrisponde al peccato di parlare contro lo Spirito Santo ed opporsi alla Sua opera.

Terzo: disonorare lo Spirito Santo

Significa calunniare la Sua opera divina, santa e pura, affermando che essa è di Satana, oppure dichiarare insistentemente come Sua, cioè dello Spirito divino, qualcosa che non Gli appartiene.

Con questo si intende anche: predicare la verità passandola per falsità, dichiarare ciò che non è vero come se lo fosse e condannare ciò che è vero come fallace. Agendo in questo modo commetti il peccato di "Bestemmia contro lo Spirito Santo" perché disonori l'eterna potenza di Dio e la Sua divinità.

Nelle epoche passate, se qualcuno veniva sorpreso a pronunciare bestemmie o commettere azioni blasfeme contro il re, veniva condannato a morte per tradimento.

Se bestemmi contro la santa divinità di Dio, l'Onnipotente a cui non può paragonarsi nessun grande di questo mondo, non potrai mai essere perdonato.

Gesù, che nella Sua natura era Dio ma venne in questo mondo sotto spoglie umane, non condannò mai nessuno. Per questo, continuare a sentenziare contro fratelli e sorelle, disonorando così l'opera compiuta dallo Spirito Santo in loro, è un peccato terribile! Se temi Dio con riverenza, non potrai mai compiere una tale trasgressione per la quale non vi è perdono, né in questa età né in quella a venire.

Una volta afferrata l'essenza dei tre punti sopra descritti, non dovresti mai cadere in questa trappola; ma se prima di conoscerne la gravità, tu avessi commesso anche un solo peccato del genere, cerca immediatamente la grazia di Dio e pentiti sinceramente con tutto il tuo cuore.

Sottoporre il Figlio di Dio al Disonore pubblico

Crocifiggere nuovamente il Figlio di Dio e sottoporLo al

disonore pubblico conduce alla morte, come descritto in Ebrei 6.

"Quelli infatti che sono stati una volta illuminati, hanno gustato il dono celeste, sono stati fatti partecipi dello Spirito Santo e hanno gustato la buona parola di Dio e le potenze del mondo a venire se cadono, è impossibile riportarli un'altra volta al ravvedimento, poiché per conto loro crocifiggono nuovamente il Figlio di Dio e lo espongono a infamia." (Ebrei 6:4-6).

Alcune persone lasciano la chiesa ed anche Dio, perché sono state travolte dalle tentazioni di questo mondo e hanno grandemente disonorato il Signore, nonostante abbiano ricevuto lo Spirito Santo, credano nella Parola di verità e conoscano l'esistenza di cielo ed inferno. Possiamo dire che hanno commesso il peccato di crocifiggere nuovamente il Figlio di Dio, e così Lo sottopongono al disonore pubblico. Questo tipo di individui, non si limita a commettere numerosi peccati controllati da Satana, ma nega Dio, perseguita ed umilia la chiesa ed i credenti.

Essi hanno già consegnato la propria coscienza a Satana ed i loro cuori sono pieni di oscurità.

A questo punto non desiderano neanche ricevere lo spirito di pentimento; per cui, non avranno l'opportunità di pentirsi e di conseguenza non saranno mai perdonati.

Giuda Iscariota commise questo peccato: era uno dei dodici discepoli di Gesù, fu testimone di numerosi segni e prodigi divini, ma divenuto avido, vendette Gesù per trenta monete d'argento. Soltanto dopo avere peccato, la sua coscienza fu colpita dal rammarico, ma lo spirito di pentimento non venne in lui. La sua pesante colpa non poteva essere perdonata, ed egli sentendosi fortemente tormentato e schiacciato dal grave peso, concluse la sua vita con il suicidio (Matteo 27:3-5).

Il continuo peccato intenzionale

Ultimo di questa lista, ma non per questo meno grave perché anch'esso conduce alla morte, è il peccato intenzionale, cioè quello commesso volontariamente dopo aver ricevuto la conoscenza della verità.

> *"Infatti, se noi pecchiamo volontariamente dopo aver ricevuto la conoscenza della verità, non rimane più alcun sacrificio per i peccati, ma soltanto una spaventosa attesa di giudizio e un ardore di fuoco che divorerà gli avversari." (Ebrei 10:26-27).*

Per "Continuare a peccare dopo aver ricevuto la conoscenza della verità" si intende ripetere atti illegali che Dio non perdona. Significa anche proseguire nella trasgressione, coscienti di peccare, così come *"«Il cane è tornato al suo vomito», e «la scrofa lavata è tornata a voltolarsi nel fango»."* (2 Pietro 2:22).

Guarda il re Davide. Amava Dio moltissimo, eppure, dopo aver commesso il peccato di adulterio, ne partorì molti altri, fino ad assassinare uno dei suoi soldati più fedeli. Quando però il profeta Nathan guidato divinamente, gli rivelò tutti i suoi crimini, il grande re se ne pentì immediatamente.

Al contrario, re Saul continuò a peccare anche dopo che il profeta Samuele svelò i suoi peccati. A seguito del suo pentimento, Davide ricevette le benedizioni di Dio, mentre Saul fu abbandonato perché non si pentì e continuò a cadere in fallo.

Che dire poi di Balaam, profeta che aveva ricevuto autorità di benedire e maledire; finì miseramente quando si compromise con questo mondo per ottenere ricchezza e fama.

Lo Spirito Santo fugge dal cuore di coloro che peccano deliberatamente e Dio dà loro le spalle. Essi perdono la fede e controllati dal diavolo, agiscono malvagiamente commettendo altri errori. Non potranno più essere salvati perché senza possibilità di pentimento; lo Spirito Santo li lascerà completamente, ed i loro nomi saranno cancellati dal Libro della Vita (Apocalisse 3:5).

D'altro canto, vi sono persone che continuano a peccare perché conoscono Dio solo attraverso la propria consapevolezza, ma non credono in Lui col cuore. Riceveranno il perdono e la salvezza quando si pentiranno completamente, permettendo alla vera fede di crescere in loro.

In conclusione, bisogna dire che non c'è salvezza quando commetti peccati che eseguono intenzionalmente gli atti della natura peccaminosa, anche se nel passato, grazie alla luce divina, hai creduto nell'esistenza di cielo ed inferno e hai realizzato la grazia abbondante di Dio.

Spero che, in base a quanto scritto e riscritto sopra, sia chiaro che tutti i peccati sono al di fuori della legge, e per quanto alcuni di essi non portano alla morte, Dio li odia tutti indistintamente. Per favore, sii un credente saggio che non permette o commette alcun genere di peccato.

La Carne ed il Sangue del Figlio dell'Uomo

Per mantenere una vita sana devi nutrirti di cibo e bevande appropriati. Nello stesso modo, per conservare il tuo spirito sano e guadagnare la vita eterna, hai bisogno di seguire una dieta specifica: devi mangiare la carne e bere il sangue del Figlio dell'Uomo.

Ora vedremo l'importanza di questi due elementi e perché dobbiamo cibarcene per ottenere questa vita eterna. Leggiamo Giovanni 6:53-55.

> *"Perciò Gesù disse loro: «In verità, in verità vi dico che se non mangiate la carne del Figlio dell'uomo e non bevete il suo sangue, non avete la vita in voi. Chi mangia la mia carne e beve il mio sangue, ha vita eterna, e io lo risusciterò nell'ultimo giorno. Poiché la mia carne è veramente cibo e il mio sangue è veramente bevanda»."*

Cos'è la carne del Figlio dell'Uomo?

Nella Bibbia Gesù ci parla dei segreti del cielo e della volontà di Dio attraverso molte parabole. Per noi, abitanti di questo mondo tridimensionale, è molto duro capire e realizzare la volontà di Dio, che invece dimora in un mondo a quattro dimensioni ed oltre. Così Gesù ha paragonato le cose celesti a quelle terrene inerti, a piante, ad animali e ha vissuto in questo mondo terreno, per aiutarci a comprendere meglio la volontà del Padre.

Ecco perché lo stesso Figlio di Dio è paragonato ad esempio, alla roccia ed alla stella, che sono adimensionali, alla vite unidimensionale, all'agnello bidimensionale, ed al Figlio dell'Uomo che è tridimensionale.

Gesù è chiamato "Figlio dell'Uomo": la carne del Figlio dell'Uomo, quindi, è la carne di Gesù.

In Giovanni 1:1 leggiamo: *"Nel principio era la Parola e la Parola era presso Dio, e la Parola era Dio"*. Il verso 14 dello stesso capitolo osserva: *"E la Parola si è fatta carne ed ha abitato fra di noi, e noi abbiamo contemplato la sua gloria, come gloria dell'unigenito proceduto dal Padre, piena di grazia e di verità"*.

Gesù, la Parola di Dio, venne in questo mondo, sotto forma umana; così è chiaro che la carne del Figlio dell'Uomo è la Parola di Dio, la verità stessa. Quindi, mangiare la carne del Figlio dell'Uomo, significa imparare la Parola di Dio scritta nella Bibbia.

Come mangiare la carne del Figlio dell'Uomo

In Esodo 12:5 e nei versi seguenti, Gesù è ritratto come "l'Agnello":

"Il vostro agnello sia senza difetto, maschio, dell'anno; potrete prendere un agnello o un capretto.

Lo conserverete fino al quattordicesimo giorno di questo mese, e tutta l'assemblea del popolo d'Israele lo ucciderà sull'imbrunire. Prenderanno quindi del sangue e lo metteranno sui due stipiti e sull'architrave delle case dove lo mangeranno."

Alcuni cristiani pensano erroneamente che "l'agnello" si riferisca ai nuovi credenti, ma studiando attentamente la Bibbia si comprende che esso è un simbolo di Gesù.

Giovanni il Battista, vedendo che Gesù andava verso di lui, disse (Giovanni 1:29): *"Ecco l'Agnello di Dio, che toglie il peccato del mondo!"* e 1° Pietro 1:19 si riferisce al Signore definendoLo *"Agnello senza difetto e senza macchia"*. Molte altre espressioni bibliche, oltre a queste, paragonano Gesù all'agnello.

Perché? L'agnello è il più mite ed il più obbediente tra tutti i tipi di bestiame. Riconosce la voce del suo pastore e lo rispetta. Nessuno riesce ad imbrogliare l'agnello, anche imitando la voce del suo pastore. Quest'animale dà tutto di sé agli umani, dal suo bianco e morbido pelo, al latte, alla carne, comprese tutte le altre parti del suo corpo.

Come un agnello, del quale si sacrifica ogni parte per cibare l'uomo, il Figlio ubbidì perfettamente alla volontà del Padre sacrificando tutto di Sé per noi.

Venne in questo mondo nella carne, nonostante fosse la natura stessa di Dio; predicò il Vangelo del cielo, guarì malattie ed infermità... e fu crocifisso. Egli rinunciò a tutto per riscattarci dai peccati.

E' paragonato ad un agnello perché le Sue caratteristiche ed azioni sono le stesse di questo mite animale; nel contesto spirituale, mangiare l'agnello significa mangiare la carne di Gesù, cioè quella del Figlio dell'Uomo.

Ma come dovrebbe essere mangiata la carne del Figlio dell'Uomo? Guardiamo insieme ciò che dice Esodo 12:9-10 e le istruzioni che seguono:

> *"Non ne mangerete niente di crudo o di lessato nell'acqua, ma sia arrostito al fuoco con la testa, le gambe e le interiora. Non ne lascerete alcun avanzo fino al mattino; e quel che sarà rimasto fino al mattino, lo brucerete col fuoco."*

Primo: non mangiare la Parola di Dio cruda

Cosa si intende per non mangiare la carne del Figlio dell'Uomo "cruda"?

In genere non è buono mangiare carne cruda, potrebbe trasmettere virus, batteri e malattie varie. Per lo stesso motivo Dio dice di non nutrirsi della Sua Parola cruda, perché in questo caso, potrebbe essere dannosa.

Sappiamo che la Bibbia è scritta dall'ispirazione dello Spirito Santo, e quindi bisognerebbe leggerla e farne il proprio nutrimento attraverso quella stessa ispirazione.

Cosa succederebbe se tu interpretassi letteralmente la Parola di Dio? Probabilmente comprenderesti male le Sue intenzioni; perché mangiare la "Parola di Dio cruda" significa proprio interpretare o prendere la Sacra Scrittura alla lettera.

Giovanni 1:1 dice che "La Parola era Dio", infatti contiene il cuore di Dio e la Sua volontà, e tutte le cose giungono a compimento secondo questa Parola.

Essa ci dice come arrivare in cielo e bisogna comprenderla pienamente per ottenere la vita eterna, ma un uomo carnale non può vedere o capire questo mondo spirituale.

E' come una cicala che non sa dell'esistenza del cielo quando è ancora una larva nella terra; come un pulcino che non conosce il mondo esterno fino a quando non esce dall'uovo; come un bambino che non sa niente del "fuori", mentre si trova nell'utero della madre.

Similmente, finché sarai immerso in questo mondo carnale, non conoscerai mai il mondo spirituale.

Dio ti sta dicendo che esiste un altro mondo oltre quello tridimensionale a cui appartieni. Così come un pulcino non ancora nato dovrà rompere il suo guscio, tu dovrai rompere la tua mentalità carnale per capire che devi uscire dal tuo mondo ed entrare in quello spirituale.

Per esempio, Matteo 6:6 riferisce: *"Ma tu, quando preghi, entra nella tua cameretta, chiudi la tua porta e prega il Padre tuo nel segreto; e il Padre tuo, che vede nel segreto, ti ricompenserà pubblicamente"*. Interpretando letteralmente questo verso, dovresti pregare sempre e soltanto nella tua stanza; eppure, non troverai alcun predecessore della fede che abbia pregato soltanto nel segreto della propria stanza,.

Gesù non supplicò nella Sua stanza, ma da qualche parte in

una montagna dove passava la notte (Luca 6:12) ed in un luogo solitario la mattina presto (Marco 1:35).

Daniele pregava tre volte al giorno con le finestre aperte verso Gerusalemme (Daniele 6:10) e l'apostolo Pietro lo faceva anche sulla terrazza della casa (Atti 10:9).

Allora, cosa intendeva dire Gesù, affermando: "Ma tu, quando preghi, entra nella tua cameretta, chiudi la tua porta e prega il Padre tuo nel segreto"?

Qui la "stanza" simboleggia, spiritualmente, il cuore dell'uomo; andare nella tua stanza significa oltrepassare i tuoi pensieri e raggiungere il profondo del tuo cuore, così come faresti per andare dal soggiorno, o dalla camera da letto, verso una stanza più interna. Solamente allora potrai pregare con tutto il tuo cuore.

Quando vai in una stanza interna ed intima, ti isoli da tutto il resto. La stessa cosa è per la preghiera: devi bloccare tutti i pensieri non necessari, isolarti da preoccupazioni e contrarietà, e invocare il Signore con il cuore deposto davanti a Lui.

Insomma, non devi mangiare la carne del Figlio dell'Uomo cruda, ovvero, non devi interpretare letteralmente la Parola di Dio, ma spiritualmente attraverso l'ispirazione dello Spirito Santo.

Secondo: non mangiare la Parola di Dio lessata nell'acqua

Cosa significa non mangiare la Parola di Dio "lessata nell'acqua"? Vuol dire che non vi si può aggiungere nulla perché si deve mangiare pura.

Non è corretto predicare la Parola di Dio unendola alla politica, a storie della società o massime di storici per quanto ammirevoli essi siano.

Dio, Creatore del cielo e della terra, controlla vita, morte, benedizione e maledizione dell'umanità, perché è Onnipotente e non ha lacune, né mancanze.

In 1° Corinzi 1:25 si legge: *"Poiché la follia di Dio è più savia degli uomini e la debolezza di Dio più forte degli uomini"*. Ciò è stato scritto per farci comprendere che anche il più saggio o il più eccellente degli uomini non può essere paragonato a Dio.

Data la sua vastità, neanche nell'arco di una vita intera, si potrebbero mai predicare tutti i soggetti che la Bibbia ricopre; come si può dunque pensare di miscelare con parole degli uomini i suoi messaggi ed i suoi insegnamenti?

La parola umana cambia col passare del tempo; e se anche contenesse qualche parte di verità, questa è sicuramente già stata espressa nella Bibbia con la saggezza di Dio.

La tua priorità nell'insegnamento biblico deve quindi essere la pura Parola di Dio. Chiaramente, puoi dare esempi ed illustrazioni per una maggiore comprensione della stessa e dei segreti del mondo spirituale; nondimeno, ricorda che solo questa Parola è la perfetta, eterna e completa verità che conduce alla vita eterna. Perciò, non mangiarla bollita nell'acqua.

Terzo: mangia la Parola di Dio arrostita sul fuoco

Cosa significa "sia arrostito al fuoco con la testa, le gambe e le interiora"? Significa che dovresti fare della Parola di Dio, la carne del Figlio dell'Uomo, il tuo cibo spirituale completo senza tralasciarne assolutamente nulla.

Per esempio, certe persone dubitano del fatto che Mosè divise il Mare Rosso; altre addirittura evitano di leggere il libro del Levitico perché i sacrifici del Vecchio Testamento sono difficili da comprendere. Alcuni sostengono che è difficile credere nei miracoli compiuti da Gesù, o dichiarano che certi prodigi potevano essere compiuti solamente 2.000 anni fa. Essi tralasciano molte concetti e realtà oggettive che discordano dai pensieri umani e tentano di estrarne solamente delle lezioni morali.

Queste persone non desiderano nemmeno ricordare frasi del tipo "Ama il tuo nemico", o "Evita il male", perché sembrano troppo dure da rispettare. E' possibile per loro essere salvati?

Non puoi prendere solo quello che vuoi dalla Bibbia come fanno i folli; al contrario, mangiane tutto il contenuto, dalla Genesi all'Apocalisse, arrostito al fuoco.

Perché arrostita "al fuoco"? Qui il fuoco si riferisce allo Spirito Santo che dovrebbe riempirti ed ispirarti mentre leggi ed ascolti la Bibbia, perché è stata scritta attraverso di Lui. Se così non fosse, per te questo sarebbe solamente conoscenza e non cibo spirituale.

Per mangiare la Parola divina arrostita sul fuoco, hai bisogno di pregare con fervore: la preghiera è come la benzina che ti apre la sorgente della pienezza dello Spirito Santo. Attraverso di Lui, la Scrittura ti sarà più dolce del miele. Non ti annoierai mai, anche l'ascolto di un lungo sermone per te sarà prezioso. E desidererai la Parola come la cerva assetata ricerca un ruscello d'acqua.

Ne avrai una maggiore comprensione dal momento che, realizzando e seguendo la volontà di Dio, la Parola sarà diventata tua carne e tuo sangue spirituale. Questo è il mangiare carne arrostita sul fuoco. Questo significa dare vita al tuo spirito attraverso quello divino, crescere nella fede, recuperare l'immagine perduta di Dio e scoprire chiaramente il dovere dell'uomo.

Comunque, coloro i quali mangiano la Parola di Dio con i propri pensieri inattivi, senza arrostirla al fuoco, ne saranno annoiati e non ne serberanno memoria; così non potranno né crescere spiritualmente né ottenere la vera vita.

Quarto: non lasciare avanzi della Parola di Dio fino alla mattina

Cosa si intende per "Non ne lascerete alcun avanzo fino al mattino"?

Vuol dire che dovresti mangiare la carne del Figlio dell'Uomo, la Parola di Dio, durante la notte. Il mondo in cui viviamo adesso è oscuro, controllato dal diavolo, può quindi essere spiritualmente definito come notte o notturno. Quando il nostro Signore tornerà, l'oscurità scomparirà e tutto verrà recuperato; tornerà la mattina e sarà un mondo di luce.

Perciò "Non ne lascerete alcun avanzo fino al mattino" vuol dire che devi imparare la Parola di Dio continuamente per prepararti ad essere la sposa del nostro Signore prima che Lui ritorni.

A prescindere poi dal fatto che il Suo ritorno sia più o meno vicino, devi pensare che tu forse vivrai 80 o 90 anni e non sai ancora quando Lo incontrerai. Fino ad allora dovrai crescere spiritualmente, e ciò avverrà in proporzione a quanto mangerai la carne e berrai il sangue del Figlio dell'Uomo. Allora, per una buona crescita spirituale, impara diligentemente la Parola del Signore.

Con la fede e lo spirito in costante sviluppo, riceverai la stessa gloria del sole risplendente vicino al trono di Dio, nel Suo regno. Sì, perché tu conosci l'Eterno Signore, coltivi i nove frutti dello Spirito Santo, le Beatitudini, ed assomigli a Lui.

Bere il sangue del Figlio dell'Uomo

Per mantenerti in vita, devi alimentarti tanto di nutrimento solido quanto di liquido. Ora, il cibo è reso digeribile quando giunge allo stomaco combinato all'acqua; poi i nutrimenti saranno assorbiti e le sostanze superflue espulse.

Spiritualmente, è la stessa cosa: non potrai digerire la carne del Figlio dell'Uomo senza bere il Suo sangue e riceverai la vita eterna soltanto nutrendoti di questi due elementi.

"Bere il sangue del Figlio dell'Uomo" significa mettere in atto pratico la Parola di Dio con fede, mentre muoversi in modo contrario è vanificarne l'ascolto e l'opera.

Così come durante la digestione fisica i nutrimenti vengono

assorbiti e lo spreco espulso, spiritualmente la verità è assorbita e la falsità espulsa quando agisci secondo la Parola di Dio per purificare il tuo cuore.

Ma quali sono le "verità assorbite" e le "non verità espulse"? Per esempio, tu hai ascoltato la Parola di Dio "Non odiate, ma amatevi gli uni gli altri": se fai di questo concetto il tuo cibo, il nutrimento chiamato amore verrà assorbito mentre la sostanza inutile, chiamata odio, sarà espulsa. Allora il tuo cuore diverrà automaticamente più puro e vero, perché i pensieri sporchi sono espulsi.

Agire secondo la Parola di Dio dopo averla ascoltata

E' chiaro che non stai bevendo il sangue del Figlio dell'Uomo se procedi contrariamente alla Sua Parola, che a questo punto, è solo un po' di conoscenza nella tua mente per la quale non potrai essere salvato.

Tu non puoi risolvere il problema del peccato da solo; impegno, buona volontà e sforzi umani, non sono sufficienti. Occorrono grazia, potenza e aiuto dello Spirito Santo, sempre accompagnati da fervente preghiera. Tu non avresti mai potuto liberarti dai peccati con il tuoi propri sforzi, altrimenti Gesù non sarebbe stato crocifisso, né il Padre avrebbe mandato il Suo Spirito per aiutarti a cambiare il cuore da impuro a puro e vivere in verità e rettitudine. Con questo apporto spirituale, puoi maturare secondo la Sua Parola, liberarti dai peccati e ricevere l'amore e le benedizioni paterne.

Il Perdono attraverso il Cammino nella Luce

Cibarsi della carne e dissetarsi del sangue del Figlio dell'Uomo indica che si sta agendo alla luce della Parola di Dio. Ma a che genere di azioni si riferisce? Quelle della luce, è logico. Non sei più nelle tenebre, ma nella luce quando mangi e digerisci la carne del Figlio dell'Uomo; e ciò rende il tuo cuore vero ed il sangue di Gesù può purificarti dai peccati del passato, del presente e del futuro.

Anche se le tue colpe non sono ancora state tutte rimosse, con il tuo pentimento sincero davanti a Dio, possono essere perdonate dalla Sua grazia. Chi crede veramente in Dio e cerca la rettitudine del cuore, non è più un peccatore, ma un uomo giusto e può essere salvato ottenendo la vita eterna.

Dio è Luce

1° Giovanni 1:5 fa una dichiarazione: *"Or questo è il messaggio che abbiamo udito da lui, e che vi annunziamo: Dio è luce e in lui non vi è tenebra alcuna"*.

L'apostolo Giovanni, che per l'appunto scrisse la lettera in questione, fu preparato direttamente da Gesù, che è la Luce di questo mondo e la Via che porta a Dio.

E questo egli dice del Maestro: *"In lui era la vita e la vita era la luce degli uomini. E la luce risplende nelle tenebre e le tenebre non l'hanno compresa."* (Giovanni 1:4-5). Inoltre, lo stesso Gesù rivelò: *"Io sono la via, la verità e la vita; nessuno viene al Padre se non per mezzo di me."* (Giovanni 14:6).

Così i discepoli proprio attraverso il Signore Gesù testimoniarono del fatto che "Dio è luce"; e ancora oggi dichiarano a te lo stesso messaggio: "Dio è luce".

Spiritualmente, Luce significa Verità

Cos'è la luce? Spiritualmente, luce è verità. Ora, la verità è l'opposto dell'oscurità.

In Efesi 5:8 Dio ci dice: *"Un tempo infatti eravate tenebre, ma ora siete luce nel Signore; camminate dunque come figli di luce"*. Chi ascolta il messaggio: "Dio è luce" ed impara da Lui la verità, può risplendere ed illuminare questo mondo di tenebre esattamente come la luce rischiara il buio.

I figli della luce che si comportano secondo la verità portano i frutti della luce, ed Efesi 5:9 conferma: *"Il frutto della luce consiste in tutto ciò che è bontà, giustizia e verità (Nuova Riveduta)"*. L'amore spirituale descritto in 1° Corinzi 13 ed i frutti dello Spirito Santo, come amore, gioia, pace, pazienza, gentilezza, bontà, fedeltà, gentilezza, autocontrollo, sono frutti della luce.

Insomma, la luce si riferisce a tutto quanto proceda da verità, bontà, rettitudine ed amore, che Dio enuncia nella Bibbia con queste parole: "Amatevi l'un l'altro, pregate, rispettate il Sabato, seguite i Dieci Comandamenti".

Spiritualmente, oscurità significa peccato

Oscurità si riferisce allo stato in cui vi è mancanza di luce e spiritualmente ha il significato di peccato.

Romani 1:29-30 descrive tutto ciò che è falso, opposto alla verità: *"Ogni ingiustizia, fornicazione, malvagità, cupidigia, malizia; pieni d'invidia, omicidio, contesa frode, malignità, ingannatori, maldicenti, nemici di Dio, ingiuriosi, superbi, vanagloriosi, ideatori di cose malvagie, disubbidienti ai genitori...".* Tutto ciò è oscurità.

La Bibbia ci esorta a sbarazzarci dalle realtà appartenenti alle tenebre, come ancora furto, adulterio e qualsiasi altro genere di malvagità. Questa oscurità, controllata dal nemico Satana, il diavolo, appartiene a questo mondo e non potrà mai vivere insieme alla luce. Ecco perché coloro che agiscono nell'oscurità odiano la luce e vivono lontani da essa.

Alcuni affermano di essere figli di Dio per quanto agiscano secondo ciò che Egli raccomanda di non fare o rifiutare.

I veri figli di Dio, invece, senza traccia alcuna di tenebre in Sé, essendo piena luce dovrebbero agire in e per essa. Anche tu, così agendo, comunichi con Dio e tutto nella tua vita andrà bene.

Evidenza della comunione con Dio

Di solito tra genitori e figli, si instaura una comunione intima basata sull'amore. Nello stesso modo è ovvio che credendo in Gesù Cristo, tu abbia comunione con Dio, il Padre del tuo spirito (1° Giovanni 1:3).

Per comunione non si intende solo la conoscenza che uno ha dell'altro, perché essa prevede che entrambi gli interlocutori si conoscano e comprendano bene. Non puoi dire di aver comunione col Presidente della tua nazione pur sapendo molto del suo operato, se non hai uno stretto rapporto con lui. Lo stesso vale per la tua comunione con Dio: avere un'effettiva amicizia con Lui, significa conoscerLo tanto quanto Lui conosce te.

In 1° Giovanni 1:6-7 sta scritto: *"Se diciamo di avere comunione con lui e camminiamo nelle tenebre, noi mentiamo e non mettiamo in pratica la verità; ma se camminiamo nella luce, come egli è nella luce, abbiamo comunione gli uni con gli altri, e il sangue di Gesù Cristo, suo Figlio, ci purifica da ogni peccato".*

Questo significa che hai comunione con il Signore solamente se ti liberi del peccato e ti muovi nella luce. Mentiresti dicendo di essere in unione con Dio, se continui a vivere ed agire nelle tenebre.

Tale unione è spirituale e veritiera, non semplice conoscenza mentale e scellerata. Tu stesso, ovviamente, devi essere luce per avere questa comunione con Lui, perché Egli è luce. Lo Spirito Santo, il cuore di Dio, ti insegna in modo semplice quale sia la Sua volontà per essere sempre più radicato nella verità. Questo ti permetterà di raggiungere una comunione più profonda con il Padre, mentre leggi la Sua Parola e ti raccogli in preghiera.

Camminare nelle tenebre

Hai appena letto nel paragrafo precedente che se dici di avere comunione con Dio ma cammini nelle tenebre continuando a peccare, stai mentendo ed alla fine ti ritroverai sulla via della morte.

In 1° Samuele 2, vediamo che i figli del sacerdote Eli agirono con malvagità e peccarono. Il padre avrebbe dovuto castigarli, invece si limitò ad avvertirli: "Perché fate tali cose? Non dovreste!".

L'ira di Dio si riversò così su questi tre uomini: i due figli furono uccisi in battaglia; Eli invece, cadendo all'indietro da una sedia, morì rompendosi il collo. L'ira di Dio si rovesciò anche sui suoi discendenti (1° Samuele 2:27-36; 4:11-22).

Efesi 5:11-13 ci avverte a tale proposito: *"Non partecipate alle opere infruttuose delle tenebre, ma piuttosto riprovatele, perché è persino vergognoso dire le cose che si fanno da costoro in segreto. Ma tutte le cose, quando sono esposte alla luce, divengono manifeste, poiché tutto ciò che è manifestato è luce"*.

Bisognerebbe consigliare con amore chi dichiara di avere comunione con Dio ma purtroppo, non cammina nella luce. Se la persona in questione persiste invece nella sua posizione errata, si dovrebbe ammonire per condurla alla luce affinché non si ritrovi un giorno sulla via della morte.

Il Perdono attraverso il cammino nella Luce

In questo mondo c'è la legge e chi la viola sarà punito secondo la gravità dell'atto compiuto; i sentimenti di colpa della propria coscienza non potranno aiutare perché, anche se la persona ha pagato per i suoi errori scontando una punizione, il danno è stato commesso ed ha lasciato un segno.

Similmente, la natura peccaminosa è ancora nel cuore dell'uomo anche se accetta Gesù Cristo, riceve il perdono dei peccati ed è dichiarato giusto. Ecco perché, per renderci completamente liberi dai sentimenti di colpevolezza radicati nella nostra coscienza, Dio comanda di circoncidere il nostro cuore.

Geremia 4:4 ne è una conferma: *"Circoncidetevi per l'Eterno e rimuovete il prepuzio dei vostri cuori, o uomini di Giuda e abitanti di Gerusalemme, affinché il mio furore non prorompa come fuoco e non arda senza che alcuno possa spegnerlo, a motivo della malvagità delle vostre azioni!"*. Circoncidere il cuore significa reciderne la parte superflua che non piace al Signore.

Compiendo questo atto spirituale, seguirai ciò che Dio dice nella Bibbia: "Fai" "Non fare" "Mantieni" o "Rinuncia". In altre parole, "darai un taglio" a falsità, cattiveria, ingiustizia, anarchia, oscurità, malvagità, ripulendo il cuore e riempiendolo di verità. Devi diligentemente fare della Parola di Dio il tuo cibo quotidiano, assorbirne il nutrimento e quindi espellere ciò che resta ancora delle vecchie tenebre.

Una volta circonciso il cuore, crescerai alla statura di vero uomo spirituale; vivrai la comunione con Dio, ed il sangue di Gesù Cristo ti purificherà dal peccato.

Insomma, non dovresti solamente accettare Gesù Cristo ed essere dichiarato giusto, ma anche essere cambiato in vero uomo retto, che si ciba della carne e si disseta del sangue del Figlio dell'Uomo, e che fa alleanza con Dio proprio con la circoncisione del cuore.

La Fede in Azione è la vera Fede

A tua sorpresa vedrai quante persone non capiscono veramente il significato della fede. Alcuni infatti ti diranno: "Ma perché non vai semplicemente in chiesa? Sarai comunque salvato".

La tua fede sarà unicamente una forma di facoltà mentale, non reale, se ti limiti solo all'ascolto ed alla conoscenza della Parola di Dio, non agendo secondo i suoi principi. Di conseguenza, non puoi essere salvato. Qual è la fede che Dio riconosce? Come puoi ottenere salvezza per fede?

Il vero Pentimento richiede la Conversione dai Peccati

1° Giovanni 1:8-9 dichiara che: *"Se diciamo di essere senza peccato inganniamo noi stessi e la verità non è in noi. Se confessiamo i nostri peccati, egli è fedele e giusto, da perdonarci i peccati e purificarci da ogni iniquità"*.

Cosa significa, quindi, confessare i propri peccati?

Supponiamo che Dio ti dica: "Devi seguire la via dell'est perché è quella che conduce alla vita eterna e alla mia volontà". Tu che invece, continui ad andare in direzione opposta, rispondi: "Signore, so che dovrei dirigermi ad est, ma procedo ugualmente verso ovest; quindi, Ti prego di perdonarmi". Questa non è una confessione. Così agendo, dimostri di non credere in Dio e di non avere il Suo santo timore; anzi, ti stai beffando di Lui. Il vero pentimento non è solo la confessione dei peccati rilasciata con le labbra, ma anche la completa conversione da essi, dimostrata dalle tue azioni. Dio riceverà allora questo tuo atto come pentimento e ti concederà il perdono.

Così come moriresti senza assunzione di cibo, pur sapendo che esso è necessario per mantenersi in vita, non saresti purificato dal sangue del Signore confessando i tuoi peccati solo con le labbra, pur avendo ben compreso che devi anche ravvederti da essi.

La fede senza Opere è fede morta

In Giacomo 2:22 sta scritto: *"Tu vedi che la fede operava insieme alle opere di lui, e che per mezzo delle opere la fede fu resa perfetta."* ed il verso 26 aggiunge: *"Infatti, come il corpo senza lo spirito è morto, così anche la fede senza le opere è morta"*.

Molte persone vanno in chiesa per timore, perché hanno sentito dell'esistenza del cielo e dell'inferno; ma dal momento che nei loro cuori non ci credono veramente, proprio come recita la Scrittura, esse non sono accompagnate da segni.

Questa fede è solo conoscenza, questa è fede morta.

Inoltre, se confessi con le labbra di credere, mentre vivi ancora nel peccato, come puoi dire di avere fede? La Bibbia ricorda che il peccato commesso con la conoscenza è peggiore di quello commesso senza sapere.

Quando confessi "Io credo" senza agire, forse tu pensi di avere fede, ma Dio non la riconosce come tale.

Gli israeliti usciti dall'Egitto, esperimentarono molte opere di

Dio: la separazione del Mare Rosso, la manna, le quaglie, la protezione attraverso la nuvola per il giorno e la colonna di fuoco per la notte. Quando Dio, però, comandò loro di andare ad esplorare la terra di Canaan, solamente Giosuè e Caleb credettero nella Sua Parola e nella Sua potenza. Di conseguenza, gli ebrei disubbidienti all'Eterno perché non avevano fede forte abbastanza per andare nella terra promessa, vissero 40 anni di prove nel deserto e lì morirono.

Devi perciò comprendere che è inutile essere testimone e sperimentare molte opere di Dio, se non si crede o non si agisce secondo la Sua Parola. La fede è resa completa dalle azioni.

Solamente chi si attiene alla Legge è giustificato

In Romani 2:13 leggiamo: *"... non coloro che odono la legge sono giusti presso Dio, ma coloro che mettono in pratica la legge saranno giustificati"*.

Non sarai giustificato solamente frequentando i servizi di culto o ascoltando le predicazioni, ma facendo prima di tutto trasformare dalla Parola di Dio, il tuo cuore bugiardo in uno veritiero e puro.

Alcuni dicono che puoi essere salvato confessando Gesù Cristo come "Signore" anche solo con le labbra, comprendendo Romani 10:13 in modo assolutamente errato: *"Infatti: «Chiunque avrà invocato il nome del Signore sarà salvato»"*. Leggiamo Isaia 34:16 e meditiamolo: *"Cercate nel libro dell'Eterno e leggete: nessuno di essi mancherà, nessuno sarà privo del suo compagno, perché la sua bocca l'ha comandato e il suo Spirito li ha radunati".* La Parola di Dio ha un compagno, un amico, e diviene perfetta solo quando è interpretata con esso.

In Romani 10:9-10 si legge: *"Poiché se confessi con la tua bocca il Signore Gesù, e credi nel tuo cuore che Dio lo ha risuscitato dai morti, sarai salvato. Col cuore infatti si crede per ottenere giustizia e con la bocca si fa confessione, per ottenere salvezza".*

Soltanto coloro che credono nel proprio cuore che Gesù è risorto possono fare una vera confessione con le labbra, perché vivono secondo la Parola di Dio. Saranno dunque salvati quando confesseranno con questa fede vera e cresceranno in giustizia giustificati; ma chi confessa senza questa fede non potrà essere salvato.

In Matteo 13:49-50 sono riportate alcune parole di Gesù: *"Così avverrà alla fine del mondo, gli angeli verranno e separeranno i malvagi dai giusti e li getteranno nella fornace del fuoco. Lì sarà pianto e stridor di denti".*

Qui, "i giusti" sono tutti coloro che riconoscono Dio e chiedono di avere fede. "I malvagi" si riferisce a coloro i quali non agiscono secondo la Parola di Dio, che non possono quindi essere salvati, pur frequentando una chiesa e conducendo una vita cristiana.

Dio desidera davvero la circoncisione del cuore

Dio vuole che i Suoi figli siano santi e perfetti. 1° Pietro 1:15 ci conferma infatti: *"Ma come colui che vi ha chiamati è santo, voi pure siate santi in tutta la vostra condotta"* e Matteo 5:48

ribadisce: *"Voi dunque siate perfetti, come è perfetto il Padre vostro, che è nei cieli"*.

Ai tempi del Vecchio Testamento la salvezza era per le opere, come rappresentazione di quello che sarebbe venuto; nel tempo del Nuovo Testamento, dal momento che Gesù Cristo portò a compimento la legge con amore, la salvezza si ottiene solo per la fede.

"Essere salvati per le opere" significa che, anche se un cuore era macchiato da desideri impuri come assassinio, odio, adulterio, menzogna e così via, questi erano considerati peccati solo se seguiti dalle corrispettive azioni.

Così era nel periodo del Vecchio Testamento. Dio, infatti, condannava le persone proprio per aver commesso questi atti sbagliati visto che, senza l'opera dello Spirito Santo, non potevano ancora liberarsi dei propri peccati. Nel tempo del Nuovo Testamento, invece, si è salvati solamente circoncidendo il cuore in fede attraverso l'opera dello Spirito Santo. Oggi, per lo stesso Spirito, noi siamo resi consapevoli della differenza tra peccato, giustizia e giudizio, e siamo abilitati a vivere secondo la Parola di Dio. Puoi allora chiudere definitivamente con la menzogna e vivere in verità.

Cerca di realizzare che Dio ti richiede veramente di circoncidere il cuore, liberarti dal peccato, santificarti e partecipare alla natura divina. L'apostolo Paolo sapeva che questa era la volontà di Dio e la insegnò (Romani 2:28-29). Egli ti consiglia di resistere al punto tale da versare, se necessario, il tuo stesso sangue nella lotta contro il peccato, tenendo i tuoi occhi su Gesù che è il Compitore della tua fede (Ebrei 12:1-4).

Io spero che tu possa avere una fede vera accompagnata da segni, realizzando così che puoi entrare in cielo non dicendo semplicemente dicendo "Signore, Signore", ma attraverso il cammino nella luce e con un cuore circonciso.

Capitolo 9

NATO D'ACQUA E DI SPIRITO

- Nicodemo va a Gesù
- Gesù apre la Comprensione spirituale di
  Nicodemo
- Nato d'Acqua e di Spirito
- Tre Testimoni: Spirito, Acqua e Sangue

Or c'era fra i farisei un uomo di nome Nicodemo, un capo dei Giudei. Questi venne a Gesù di notte e gli disse: «Maestro, noi sappiamo che tu sei un dottore venuto da Dio, perché nessuno può fare i segni che tu fai, se Dio non è con lui». Gesù gli rispose e disse: «In verità, in verità ti dico che se uno non è nato di nuovo, non può vedere il regno di Dio». Nicodemo gli disse: «Come può un uomo nascere quando è vecchio? Può egli entrare una seconda volta nel grembo di sua madre e nascere?». Gesù rispose: «In verità, in verità ti dico che se uno non è nato d'acqua e di Spirito, non può entrare nel regno di Dio».

Giovanni 3 :1-5

Dio mandò Gesù Cristo, il Suo unico e solo Figlio, per aprire la via della salvezza; chiunque Lo accetta riceve il diritto di diventare un Suo figlio e godere di una vita benedetta ed eterna per sempre. Oggigiorno, puoi comunque notare come molte persone, per quanto abbiano ricevuto Gesù Cristo, non hanno ancora la certezza della salvezza. Alcuni, nonostante abbiano questa convinzione, mancano della fede per essere salvati; altri invece, si reputano tali perché una volta hanno ricevuto lo Spirito Santo, anche se non hanno alcuna attenta valutazione della loro condotta da quel momento in poi.

Ora, per concludere questo messaggio della croce, attraverso la storia di Nicodemo cerchiamo di chiarire come giungere alla salvezza perfetta dal momento in cui si riceve Gesù Cristo.

Nicodemo va a Gesù

Ai tempi di Gesù i farisei avevano grande stima e considerazione per la Legge di Mosè e continuavano ad attenersi alla tradizione degli anziani. Essi erano capi religiosi fra gli israeliti eletti che credevano nella sovranità di Dio, la risurrezione, gli angeli, il giudizio finale e la venuta del Messia.

Eppure, Gesù li rimproverò ripetutamente dicendo: "Guai a

voi, farisei"; essendo ipocriti, essi apparivano santi esteriormente, ma dentro erano colmi di avidità ed auto-indulgenza, erano come dei sepolcri imbiancati (Matteo 23:25-36).

Nicodemo aveva un buon cuore

Nicodemo, uomo di buon cuore, era uno dei farisei appartenenti al consiglio di governo chiamato Sinedrio; ma diversamente dagli altri suoi colleghi, non perseguitò Gesù perché, avendone visto i segni ed i prodigi, comprese che Egli procedeva da Dio e volle approfondire la Sua conoscenza.

In Giovanni 7:51, cercando di difendere Gesù, chiese ai farisei che volevano catturarLo: *"La nostra legge condanna forse un uomo prima di averlo ascoltato e di sapere ciò che egli ha fatto?"*.

Non era facile parlare in questo modo, essendo membro del Sinedrio in quel tempo. Anche oggi, se uno stato bandisce o scoraggia il Cristianesimo attraverso la legge, gli esponenti del governo non possono schierarsi dalla sua parte; e gli israeliti ritenevano come false tutte le religioni di quel tempo, tranne il Giudaismo. Nicodemo certamente sapeva di rischiare la scomunica se si fosse posizionato al fianco di Gesù.

Ciononostante, Lo difese, dando prova di essere veritiero e fermo nella sua fede in Lui.

Giovanni 19:39-40 ritrae una scena immediatamente successiva alla morte di Gesù sulla croce:

"Or venne anche Nicodemo, che in precedenza era

*andato di notte da Gesù, portando una mistura di
mirra e di aloe di circa cento libbre. Essi dunque
presero il corpo di Gesù e lo avvolsero in panni di lino
con gli aromi, secondo il costume di sepoltura in uso
presso i Giudei."*

Era lì, perché credeva che Gesù fosse un uomo di Dio, Lo
servì costantemente anche dopo la Sua crocifissione ed ottenne
la salvezza attraverso la fede nella Sua risurrezione.

Nicodemo va da Gesù

In Giovanni 3, è registrato il dialogo avvenuto tra Gesù e
Nicodemo, quando ancora quest'ultimo non aveva la
comprensione della verità spirituale. A tarda sera egli andò da
Gesù e Gli espose il suo pensiero: *"Maestro, noi sappiamo che
tu sei un dottore venuto da Dio, perché nessuno può fare i segni
che tu fai, se Dio non è con lui."* (Giovanni 3:2).

Il dottore della legge, aveva capito che quell'uomo era il
Messia Figlio di Dio, solo dopo essere stato testimone dei Suoi
miracoli. Realizzò e dichiarò così la provenienza divina del
Maestro, perché attraverso la sua buona coscienza, egli era
consapevole che solo l'Onnipotente Iddio poteva risorgere i
morti, dare la vista ai ciechi, far camminare gli zoppi e risanare i
lebbrosi.

Ma allora, perché quella notte andò da Gesù? Egli era come
coloro che non vogliono frequentare apertamente la chiesa,
perché non hanno piena confidenza e familiarità con il Creatore.

Nicodemo, per quanto avesse buon cuore, mancava di fede vera e di affiatamento con Gesù come Figlio di Dio e Messia, per questo preferì andare a visitarLo in piena notte, anziché durante il giorno alla vista di tutti.

Gesù apre la Comprensione spirituale di Nicodemo

Gesù disse a Nicodemo: *"In verità, in verità ti dico che se uno non è nato di nuovo, non può vedere il regno di Dio."* (Giovanni 3:3).

Non riusciva a capire tutto questo, così chiese ancora: "Come può un uomo nascere quando è vecchio?". Egli non aveva una fede spirituale e continuò dicendo: "Forse un uomo vecchio dopo la sua morte può entrare una seconda volta nel grembo di sua madre e nascere di nuovo?".

Allora il Maestro gli parlò della nascita d'acqua e di Spirito: *"In verità, in verità ti dico che se uno non è nato d'acqua e di Spirito, non può entrare nel regno di Dio. Ciò che è nato dalla carne è carne; ma ciò che è nato dallo Spirito è spirito."* (Giovanni 3:5-6).

E proseguì spiegando con una parabola ciò che aveva incuriosito Nicodemo: *"Il vento soffia dove vuole e tu ne odi il suono, ma non sai da dove viene né dove va, così è per chiunque è nato dallo Spirito."* (Giovanni 3:8).

Dopo la disubbidienza di Adamo, lo spirito di ogni uomo morì e da allora in poi, tutti furono destinati a subire la stessa fine. Una volta nato di Spirito Santo, lo spirito dell'uomo è comunque vivificato e diventa spirituale. Si ripristina così in lui l'immagine di Dio e sarà salvato. Eppure, Nicodemo continuava a non capire ciò che Gesù diceva (Giovanni 3:9).

Interloquì ancora: "Come può essere?" ed il Maestro rispose:

> *"Se vi ho parlato di cose terrene e non credete, come crederete se vi parlo di cose celesti? Or nessuno è salito in cielo, se non colui che è disceso dal cielo, cioè il Figlio dell'uomo che è nel cielo. E come Mosè innalzò il serpente nel deserto, così bisogna che il Figlio dell'uomo sia innalzato, affinché chiunque crede in lui non perisca ma abbia vita eterna." (Giovanni 3:12-15).*

In Numeri 21:4-9 notiamo che gli israeliti condotti fuori dall'Egitto, parlarono contro Mosè perché il loro viaggio verso Canaan stava diventando sempre più difficile da sopportare. Dio voltò la Sua faccia da loro e mandò serpenti velenosi per colpirli.

Quando poi invocarono il Suo aiuto, l'Eterno disse a Mosè di realizzare un serpente di bronzo e fissarlo su un palo: in questo modo Dio salvò chiunque volgesse lo sguardo ad esso. Le persone ostinate a causa della propria incredulità, invece morirono perché non "si scomodarono" nemmeno per guardare la salvezza...

Capire la Parola di Dio spiritualmente

Perché Dio comandò di creare un serpente di bronzo ed

issarlo su un palo? Da Genesi 3:14 sappiamo che il serpente fu maledetto, inoltre Galati 3:13 sentenzia: *"Maledetto chiunque è appeso al legno"*.

Dunque, fissare il serpente di bronzo ad un palo rappresentava Gesù, che sarebbe stato appeso ad una croce di legno per riscattarci, proprio come quell'animale maledetto. Così, come chi guardava a quel bronzo sarebbe sopravvissuto, chiunque guarda e crede in Gesù Cristo sarà salvato.

Nicodemo non poteva capire il significato della Parola di Dio, perché non era ancora nato d'acqua e di Spirito ed i suoi occhi spirituali non erano aperti.

Oggi, se anche tu ti trovi nella sua stessa condizione, non puoi afferrare il reale significato di un messaggio spirituale, anzi rischi di prenderlo soltanto alla lettera proprio per mancanza di comprensione.

Devi pregare con fervore per capire la Parola di Dio attraverso l'ispirazione dello Spirito Santo e l'Iddio di grazia aprirà il tuo cuore alla comprensione delle Sacre Scritture per ottenere la fede vera.

Nato d'Acqua e di Spirito

Durante quella conversazione notturna, Gesù gli disse: *"In verità, in verità ti dico che se uno non è nato d'acqua e di Spirito, non può entrare nel regno di Dio. Ciò che è nato dalla carne è carne; ma ciò che è nato dallo Spirito è spirito."* (Giovanni 3:5-6).

Chiarifichiamo il significato di essere nato d'acqua e di Spirito. Come puoi nascere attraverso questi due elementi ed ottenere la salvezza?

L'Acqua naturale simboleggia l'acqua della vita eterna

L'acqua allevia la sete, lubrifica gli organi interni del nostro corpo e lo purifica sia dentro che fuori. Gesù comparò l'acqua della vita eterna a quella naturale per spiegare che essa può purificare e dare vita.

In Giovanni 4:14 Egli dice ancora: *"Chi beve dell'acqua che io gli darò non avrà mai più sete in eterno; ma l'acqua che io gli darò diventerà in lui una fonte d'acqua che zampilla in vita eterna"*.

E' vero che se bevi l'acqua naturale la sete passa via, ma solo per un breve tempo, poi sarai di nuovo assetato. L'acqua di cui leggiamo in questa scrittura, si riferisce a quella eterna: chiunque beve l'acqua offerta da Gesù, non avrà mai più sete, vale a dire riceverà "una sorgente d'acqua che zampilla in vita eterna".

In Giovanni 6:54-55 leggiamo: *"Chi mangia la mia carne e beve il mio sangue, ha vita eterna, e io lo risusciterò nell'ultimo giorno. Poiché la mia carne è veramente cibo e il mio sangue è veramente bevanda"*. E così è: la carne ed il sangue di Gesù sono l'acqua eterna.

Ma Egli è anche la Parola venuta al mondo in carne e mangiare la Sua carne significa quindi, conservare nella mente la Sua Parola attraverso la lettura della Bibbia.

Il sangue di Gesù è vita, la vita è verità, la verità è Cristo e Cristo è potenza di Dio. Tutto questo è il sangue di Gesù. Siccome la potenza divina viene in fede, bere il sangue del Figliolo indica ubbidienza alla Sua Parola per fede.

Hai appreso che spiritualmente l'acqua raffigura la carne di Gesù, cioè la Parola e l'Agnello di Dio (di cui si spiega nel capitolo precedente). Nello stesso modo in cui l'acqua naturale purifica e disseta il corpo, la Parola di Dio agisce nel cuore nettandolo.

Ecco perché la chiesa effettua il battesimo con acqua: tale atto afferma che sei un figlio di Dio perdonato dai tuoi peccati e come tale devi meditare la Sua Parola, e purificarti attraverso di essa ogni giorno.

Nato di nuovo nell'acqua

Come puoi eliminare la sporcizia dal tuo cuore attraverso la Parola divina cioè l'acqua eterna?

Dio ci dà quattro comandi ben precisi: "Fai", "Non fare", "Tieni qualcosa" e "Sbarazzati di qualcos'altro". Per esempio, Dio dice di "non fare" cioè "non stimolare, non accendere" in te invidia, odio, giudizio e "non fare" cioè "non commettere" furti, adulterio, assassinio, ecc...

Così, come dovresti "non fare" quello che è proibito, dovresti anche "sbarazzarti di qualcos'altro", quindi gettare via qualsiasi genere di cose, idee e concetti cattivi o sbagliati che siano. Dovresti anche rispettare il Sabbath, evangelizzare, pregare ed amare gli altri. Il tuo cuore gradualmente trasformerà si riempirà di verità grazie allo Spirito Santo, e la Parola di Dio attraverso la quale tu dovrai sempre agire, laverà il tuo peccato. Ecco a questo punto la circoncisione del cuore, il che significa "essere nato d'acqua".

Per ricevere la salvezza completa dunque, devi prima di tutto accettare Gesù e poi "nascere d'acqua" come Gesù disse a Nicodemo, ma non solo.

Nato di nuovo con lo Spirito

Per ricevere la piena salvezza, si deve anche nascere di Spirito. Come può avvenire questo? In Atti 19:2 l'apostolo Paolo chiese ad alcuni discepoli: "Avete ricevuto lo Spirito Santo, quando avete creduto?". Cosa significa ricevere lo Spirito Santo?

Il primo uomo, Adamo, consisteva in "spirito, anima e corpo" (1° Tessalonicesi 5:23), ma il suo spirito morì come risultato della disubbidienza e divenne un essere non migliore di un animale, composto solo di anima e corpo (Ecclesiaste 3:18).

Riconoscendoti peccatore e pentendoti dei falli commessi, ricevi in dono e pegno lo Spirito Santo perché sei figlio di Dio (Atti 2: 38). Ripeto che, come tale, puoi distinguere tra il bene ed il male attraverso la Sua Parola e vivere di conseguenza, per la potenza e la forza del cielo grazie alla preghiera fervente e continua.

In questo modo, entri nella verità ed ottieni la fede spirituale, tanto da dare vita al tuo spirito attraverso quello divino (essere nato di spirito). In Giovanni 3:6 Gesù dice a Nicodemo: *"Ciò che è nato dalla carne è carne; ma ciò che è nato dallo Spirito è spirito"* e Giovanni 6:63 dichiara che: *"Lo Spirito vivifica, la carne non giova a nulla".*

Diventare un uomo Spirituale che segue lo Spirito Santo

Una volta nato d'acqua e di Spirito Santo ottieni la cittadinanza del cielo (Filippesi 3:20); e come figlio di Dio, frequenti servizi di adorazione, Lo lodi con gioia e fai il possibile per vivere nella luce. Prima di questa meravigliosa esperienza, vivevi nelle tenebre totali perché non conoscevi ancora la verità.

Col passare del tempo scopri che insieme alla gioia, nel cuore hai anche continue lotte interne. Questo succede perché la legge spirituale, che segue i desideri dello Spirito divino, combatte contro la legge della natura peccaminosa, la quale persegue la bramosia dell'uomo trasgressore, la concupiscenza degli occhi e l'orgoglio della vita (1 Giovanni 2:16).

L'apostolo Paolo parlò di questa lotta: *"Infatti io mi diletto nella legge di Dio secondo l'uomo interiore, ma vedo un'altra legge nelle mie membra, che combatte contro la legge della mia mente e che mi rende schiavo della legge del peccato che è nelle mie membra. O miserabile uomo che sono! Chi mi libererà da questo corpo di morte?"* (Romani 7:22-24).

Quando nasci d'acqua e di Spirito diventi un figlio di Dio, ma ciò non vuol dire che tu sia una persona spiritualmente perfetta.

Ecco perché Galati 5:16-17 ci consiglia: *"Camminate secondo lo Spirito e non adempirete i desideri della carne, la carne infatti ha desideri contrari allo Spirito e lo Spirito ha desideri contrari alla carne; e queste cose sono opposte l'una all'altra, cosicché voi non fate quel che vorreste".*

Per stare in linea con lo Spirito Santo dovresti compiere la volontà accettabile e gradita da Dio e vivere secondo la Sua Parola. Non sarai tentato e riuscirai a sconfiggere il nemico Satana, che ti spinge a seguire i desideri della natura peccaminosa. Vivrai attraverso la verità e ti dedicherai fedelmente al regno di Dio ed alla Sua giustizia.

La tua fede maturerà e seguendo le aspirazioni dello Spirito Santo, potrai abbandonare invece di rincorrerle, quelle della natura scellerata che ti conducono in disgrazia ed oppressione.

Non avrai bisogno di lottare per sbarazzarti del peccato, ma potrai godere gioia e pace in ogni circostanza.

Dio è compiaciuto da coloro che vivono secondo i desideri dello Spirito e concede loro quelli del proprio cuore. Nel Salmo 37:4 leggiamo una meravigliosa promessa: *"Prendi il tuo diletto nell'Eterno ed egli ti darà i desideri del tuo cuore";* si compiacerà anche in te se hai il cuore nella piena verità e ti renderà tutto possibile... Io spero che accettando Gesù come Salvatore, tu nasca d'acqua e di Spirito, e viva in armonia con i desideri spirituali.

Tre Testimoni: Spirito, Acqua e Sangue

Come ho già spiegato, bisogna nascere d'acqua e di Spirito per ricevere la completa salvezza, anche se per averla nella sua interezza, è necessario essere purificati dai peccati col sangue di

Gesù e camminare nella luce.

Se in te non è ancora avvenuto questo passaggio, sei tuttora nel peccato e quindi hai bisogno del sangue di Gesù Cristo per eliminare le scorie rimaste nel tuo cuore.

A riguardo, 1° Giovanni 5:5-8 ci dice quanto segue:

> *"Chi è che vince il mondo, se non colui che crede che Gesù è il Figlio di Dio? Questi è colui che è venuto con acqua e sangue, cioè, Gesù Cristo; non con acqua soltanto, ma con acqua e con sangue. E lo Spirito è colui che ne rende testimonianza, perché lo Spirito è la verità. Poiché tre sono quelli che rendono testimonianza nel cielo: il Padre, la Parola e lo Spirito Santo; e questi tre sono uno. Tre ancora sono quelli che rendono testimonianza sulla terra: lo Spirito, l'acqua e il sangue; e questi tre sono d'accordo come uno."*

Gesù venne con Acqua e Sangue

Giovanni 1 al verso 1 dice che *"La Parola era Dio"* ed al verso 14 che *"la Parola si è fatta carne ed ha abitato fra di noi"*: questo è Gesù, il solo Figlio e Parola di Dio, venuto sulla terra in carne per perdonare i nostri peccati e purificarci ancora oggi con la Bibbia.

Hai comunque bisogno dello Spirito Santo perché ripeto, è impossibile gettare via i peccati con la propria forza. Attraverso la preghiera fervente ci sarà il Suo intervento con il quale puoi rimuovere dal cuore i desideri della natura peccaminosa, la concupiscenza degli occhi, l'orgoglio della vita e la falsità.

Inoltre, lo spargimento di sangue completerà l'opera del perdono. In Ebrei 9:22 leggiamo: *"Senza spargimento di sangue non c'è perdono dei peccati"*. Urge il sangue di Gesù, l'unico atto a redimerti, perché è l'unico irreprensibile ed immacolato.

Riepilogando: per ottenere la completa salvezza, devi credere in Gesù venuto con acqua e sangue (perché senza spargimento di sangue non c'è perdono, e tu saresti ancora sotto peccato), e ricevere come dono divino lo Spirito Santo.

Spirito, acqua e sangue: questi tre elementi sono concordanti perché il sangue di Gesù redime, l'acqua (la Parola) purifica, lo Spirito Santo aiuta a vivere completamente secondo la Parola.

Perciò, dopo essere stati perdonati dal sangue di Gesù Cristo nostro Salvatore, bisogna nascere d'acqua e di Spirito, e comprendere bene che questi tre "testimoni" nella loro compattezza, ci hanno salvato e ci conducono al cielo.

Capitolo 10

COS'È L'ERESIA?

- Definizione biblica di Eresia
- Spirito della Verità e Spirito della Falsità
- Attenzione alle Sette Eretiche

Or vi furono anche dei falsi profeti fra il popolo, come pure vi saranno fra voi dei falsi dottori che introdurranno di nascosto eresie di perdizione e, rinnegando il Padrone che li ha comprati, si attireranno addosso una fulminea distruzione. E molti seguiranno le loro deleterie dottrine e per causa loro la via della verità sarà diffamata. E nella loro cupidigia vi sfrutteranno con parole bugiarde; ma la loro condanna è da molto tempo all'opera e la loro rovina non si farà attendere.

2° Pietro 2:1-3

Con lo sviluppo della civiltà materialista, le persone dipendendo dalla propria saggezza e conoscenza, giunsero al punto di negare Dio e dal momento che il peccato si propagò in tutta la terra, lo spirito dell'uomo fu oscurato e corrotto. L'inganno non si fece aspettare ed ecco che oggi, molti individui circuiti dalla menzogna, non sono più in grado di distinguere il vero dal falso, inoltre commettono senza tregua l'errore di giudicare gli altri basandosi sulla propria "giusta" conoscenza e teoria.

In Matteo 12:22-32 leggiamo che Gesù guarì un uomo indemoniato, cieco e sordo. I farisei sentendo la notizia e ritenendo che l'opera di Dio fosse stata eseguita da un demone, dissero: "Costui scaccia i demoni solo per virtù di Beelzebub, principe dei demoni".

Nei versi 31 e 32 ecco la risposta: *"Ogni peccato e bestemmia sarà perdonata agli uomini; ma la bestemmia contro lo Spirito non sarà loro perdonata. E chiunque parla contro il Figlio dell'uomo, sarà perdonato; ma chi parla contro lo Spirito Santo, non gli sarà perdonato, né in questa età né in quella futura".*

La conclusione dei farisei, cioè che il miracolo compiuto da Gesù era opera di un demone, è chiaramente una bestemmia contro lo Spirito Santo; ragion per cui non poterono essere perdonati.

Se distingui chiaramente verità e falsità attraverso la Bibbia, non giudicherai gli altri, né sarai ingannato da ciò che è falso.

Andiamo più a fondo sull'argomento "eresia" dalla prospettiva divina, distinguendo tra Spirito di Dio e spiriti malvagi, concludendo poi con le sette eretiche dalle quali si deve stare all'erta.

Definizione biblica di Eresia

Il dizionario "Oxford" definisce il termine "eresia" come "credo o opinione che si oppone ai principi di una determinata religione". Alcune persone hanno riguardo solo al loro credo come l'unico giusto e considerano eretiche le altre religioni. Esempio, per un buddista la via giusta è ovviamente il Buddismo; le fedi diverse, Confucianesimo ed altre, non sono la verità.

Paolo, considerato capo di una setta eretica

In Atti 24:5 leggiamo: *"Noi abbiamo trovato che quest'uomo è una peste e suscita sedizioni fra tutti i Giudei che sono nel mondo, ed è capo della setta dei Nazareni"*. In questo verso "la setta dei Nazareni" si riferisce ad una "setta eretica" come si legge in una versione inglese: "degli eretici nazareni" (Nazarene heretics).

Gli ebrei denunciarono Paolo davanti al governatore proprio perché pensavano che il Vangelo da lui predicato fosse eretico, ma egli confutò l'accusa come è stato registrato in Atti 24:13-16, dichiarando quale fosse la sua fede:

"Né possono provare le cose delle quali ora mi accusano. Ma questo ti confesso che, secondo la Via che essi chiamano setta io servo così il Dio dei padri, credendo a tutte le cose che sono scritte nella legge e nei profeti, avendo in Dio la speranza, che anch'essi condividono, che vi sarà una risurrezione dei morti, tanto dei giusti che degli ingiusti. Per questo io mi sforzo di avere continuamente una coscienza irreprensibile davanti a Dio e davanti agli uomini."

L'Apostolo Paolo era veramente un eretico?

Si dovrebbe conoscere la definizione di eresia alla luce della Scrittura, in quanto Parola di Dio, cioè l'unico vero Essere che possa distinguere la verità dalla falsità. La parola "setta" appare sei volte nella Bibbia italiana, anche se la definizione di eresia è esposta solamente una volta:

"Or vi furono anche dei falsi profeti fra il popolo, come pure vi saranno fra voi dei falsi dottori che introdurranno di nascosto eresie di perdizione e, rinnegando il Padrone che li ha comprati, si attireranno addosso una fulminea distruzione." (2° Pietro 2:1).

"Il Padrone che li ha comprati" è riferito a Gesù Cristo. In origine l'uomo era in perfetta relazione con Dio e viveva secondo la Sua volontà, ma una volta divenuto peccatore iniziò la sua appartenenza al diavolo. L'Eterno ebbe comunque pietà di coloro che si trovarono sul percorso della morte: mandò Gesù, il Suo unico Figlio, come offerta di pace e permise che fosse crocifisso per aprire la via della salvezza all'umanità attraverso il Suo sangue.

Il Padre si è messo all'opera per noi, prima sottoposti al diavolo, affinché credendo nel Figliolo fossimo perdonati per ricevere vita e riunirci a Lui. E' questo il motivo per cui possiamo dire che Gesù ci comprò attraverso la Sua crocifissione, e la Sacra Scrittura lo conferma dicendo che Egli è "il Padrone (il Signore) che ci ha comprati".

Gli eretici negano Gesù Cristo

Ora sai che il termine "eretico" si riferisce a "chi nega il Padrone che lo ha comprato, portando rapida distruzione a se stesso". Questo termine non era mai stato usato finché Gesù non completò la Sua missione come Salvatore. Il nome "Gesù" significa "[Colui che] salverà il Suo popolo dal proprio peccato" e "Cristo" significa "l'Unto". Gesù diventò il Salvatore esattamente dopo aver compiuto il Suo incarico: essere crocifisso e risorgere.

Non puoi perciò trovare questo termine nel Vecchio Testamento o nei quattro Evangeli, nei quali fu riportata la vita di Gesù. Neanche i Farisei, gli insegnanti della Legge, i sacerdoti e nemmeno i sommi sacerdoti che perseguitarono Gesù usarono quel nome.

Solamente dopo che Egli risuscitò per portare a termine la Sua missione come il Cristo, entrarono in scena "coloro che rinnegarono il Padrone che li ha comprati"; e solamente allora la Bibbia cominciò ad avvertirci circa gli eretici.

Coloro che credono in Gesù Cristo come "il Padrone che li ha comprati" sicuramente non sono eretici, ma lo è certamente chi nega tale dichiarazione.

L'apostolo Paolo non negò Gesù Cristo, che l'aveva acquistato col Suo sangue prezioso, ma Lo proclamò ovunque, pagandone l'alto prezzo della persecuzione. Ben cinque volte i giudei lo condannarono a quaranta frustate meno una, fu lapidato, imprigionato, tradito da coloro di cui si fidava, oppresso dai gentili e dai suoi concittadini. Ciononostante, fu uomo di grande potenza e superò tutte queste sofferenze con gioia e gratitudine, glorificando Dio e guarendo innumerevoli persone nel nome di Gesù Cristo fino al giorno in cui morì come martire.

Paolo predicò l'Evangelo per mezzo della potenza di Dio

Dovresti sapere che la potenza di Dio non può essere mostrata da chi nega Dio il Creatore e Gesù Cristo, che è della stessa natura divina, perché la Bibbia dice: *"DIO ha parlato una volta; due volte ho udito questo: che la potenza appartiene a DIO."* (Salmo 62:11).

Non devi giudicare chi dimostra la potenza divina, perché ciò rivela che il Signore è con quella persona e che l'individuo in questione Lo ama grandemente. Paolo, definito da alcuni capo della setta dei Nazareni, ci avverte severamente in Galati 1:6-8 di non seguire, né tanto meno predicare un vangelo diverso da quello del messaggio della croce:

> *"Mi meraviglio che da colui che vi ha chiamati mediante la grazia di Cristo, passiate così presto ad un altro evangelo, il quale non è un altro evangelo; ma vi sono alcuni che vi turbano e vogliono pervertire l'evangelo di Cristo. Ma anche se noi o un angelo dal cielo vi predicasse un evangelo diverso da quello che vi abbiamo annunziato, sia maledetto."*

Ancora oggi alcune persone sono ritenute eretiche, per quanto non neghino Gesù Cristo, ma ne predichino il Vangelo e proclamino il Dio vivente dimostrando la Sua potenza ed operando con e per essa, proprio come Paolo...

Non giudicate con leggerezza gli altri definendoli Eretici

Anch'io sono stato accusato di eresia, perciò ho sofferto e sopportato una serie di prove... questo per aver dimostrato la potenza di Dio all'opera e per la grande crescita avvenuta nella nostra chiesa. Fondata nel 1982, infatti, la comunità si è sviluppata tanto da contare più di 100.000 membri nelle ultime due decadi.

Prima di conoscere il Signore, ho sofferto molte malattie per sette lunghi anni. La potenza di Dio in un solo istante, mi ha guarito da tutte, mi ha salvato, e da allora ho cercato di vivere per la Sua gloria nello stesso modo in cui visse l'apostolo Paolo ed in qualunque circostanza io mi trovassi. Ho messo la mia vita nelle mani del Padre e mi sono concentrato a vivere "solo Gesù, sempre Gesù".

Come credente, ho testimoniato delle guarigioni ricevute ed annunciato il Vangelo. Chiamato poi al ministero, ho predicato il messaggio della croce proclamando il Vivente Dio e Gesù il Salvatore. Ho dato la mia testimonianza anche quando ho officiato un matrimonio, perché era ed è molto vivo in me il desiderio di condurre sempre più persone alla salvezza.

Ho compreso che tanto la potente divina Parola, quanto l'evidenza dell'Iddio vivente, sono necessarie per essere Suoi testimoni fino alla fine. Così ho pregato ardentemente per ricevere la Sua potenza, come hanno fatto gli antenati della fede e sono passato per tutte le prove venute su me, vivendole con gratitudine e gioia.

Qualche volta le difficoltà erano mortali ma, al superamento di esse, come Gesù ricevette la gloria della risurrezione dopo la Sua morte irreprensibile, Dio ha aumentato la potenza in me secondo la Sua volontà.

Di conseguenza ogniqualvolta abbia testimoniato dell'Eterno come unico vero Dio e della salvezza credendo in Gesù Cristo, in qualunque parte del mondo mi trovassi (Kenia, Uganda, Honduras, Giappone, il musulmano Pakistan, l'induista India ed altri), sono avvenuti fatti straordinari. Fin dall'anno 2000, decine di migliaia di persone si sono pentite, ciechi hanno recuperato la vista, muti hanno parlato, sordi hanno riavuto l'udito e malattie incurabili come l'AIDS e diverse tipologie di cancro, sono state guarite. Questi miracoli hanno glorificato Dio grandemente.

Perciò, uno volta compreso chiaramente il pieno significato di eresia, non giudicherai così facilmente gli altri calunniandoli come eretici. In Atti 5:33-42 puoi leggere di Gamaliele, un insegnante della legge che fu onorato da tutti. Come mai?

In quel tempo i farisei del Sinedrio impedirono a Pietro e Giovanni di testimoniare di Gesù Cristo, ma i due erano talmente ripieni dello Spirito Santo che non riuscirono ad ubbidire e furono condannati a morte dai membri del consiglio. Allora l'anziano dottore della legge si alzò in piedi nel Sinedrio e ordinò che i due uomini fossero liberati, dicendo:

> *«Uomini d'Israele, badate bene a ciò che state per fare a questi uomini.. Ora dunque io vi dico state alla larga da questi uomini e lasciateli stare, perché se questo progetto o quest'opera è dagli uomini sarà distrutta, ma se è da Dio, voi non la potete distruggere, perché vi trovereste a combattere contro Dio stesso!».* (Atti 5:35-39).

Leggendo questo passaggio puoi capire che se un'opera miracolosa non è da o di Dio, alla fine fallirà, anche se nessuno intenda fermarla. Ma se al contrario, vi fossero opposizioni o disturbi verso una reale opera divina, anche volendolo, nessuno potrebbe bloccarla. Questo, niente altro è che lottare contro Dio, e chi si permetterà di agire in tale modo, sarà soggetto alla

Sua punizione ed al Suo giudizio.

Può succedere che alcuni giudichino altri come eretici a causa delle differenze nell'interpretazione della Bibbia, delle visioni provenienti dallo Spirito Santo e anche delle lingue, nonostante si sia tutti d'accordo per ciò che riguarda la Trinità e Gesù Cristo che venne al mondo in carne.

Certi credenti dicono di non aver bisogno delle lingue o delle visioni, anzi che queste opere dello Spirito Santo sono errate in quanto nella narrazione dei Vangeli non risulta che Gesù abbia parlato in lingue o avuto visioni. Eppure la Bibbia dice che queste espressioni sono buone per noi:

> *"Or a ciascuno è data la manifestazione dello Spirito per l'utilità comune. A uno infatti è data, per mezzo dello Spirito, parola di sapienza; a un altro, secondo il medesimo Spirito, parola di conoscenza; a un altro fede, dal medesimo Spirito a un altro doni di guarigioni, per mezzo del medesimo Spirito; a un altro potere di compiere potenti operazioni; a un altro profezia; a un altro discernimento degli spiriti; a un altro diversità di lingue, a un altro l'interpretazione delle lingue. Or tutte queste cose le opera quell'unico e medesimo Spirito, che distribuisce i suoi doni a ciascuno in particolare come vuole." (1° Corinzi 12:7-11).*

Di conseguenza, non dovresti calunniare o giudicare come eretico chi ha un diverso dono dello Spirito Santo, semplicemente perché tu non l'hai ancora sperimentato.

Spirito della Verità e Spirito della Falsità

La Bibbia avverte sui falsi profeti ed insegnanti che segretamente presentano le loro eresie distruttive. In 2° Pietro 2:1-3 c'è una delucidazione a riguardo: *"Molti seguiranno le loro deleterie dottrine e per causa loro la via della verità sarà diffamata. E nella loro cupidigia vi sfrutteranno con parole bugiarde; ma la loro condanna è da molto tempo all'opera e la loro rovina non si farà attendere".*

In 1° Giovanni 4:1-3 si legge: *"Carissimi, non credete ad ogni spirito, ma provate gli spiriti per sapere se sono da Dio, perché molti falsi profeti sono usciti fuori nel mondo. Da questo potete conoscere lo Spirito di Dio: ogni spirito che riconosce che Gesù Cristo è venuto nella carne, è da Dio. E ogni spirito che non riconosce che Gesù Cristo è venuto nella carne, non è da Dio; e questo è lo spirito dell'Anticristo che, come avete udito, deve venire; e ora è già nel mondo".*

Esaminare ogni spirito: è da Dio o non è da Dio?

Ci sono spiriti buoni che appartengono a Dio e guidano alla salvezza, ma ci sono anche quelli malvagi che ingannano per distruggere.

La persona che ha ricevuto lo Spirito divino, riconosce che Gesù Cristo è venuto in carne, crede nella Trinità (Dio, Gesù Cristo, Spirito Santo), ha il sigillo di figlio di Dio, comprende la verità e con l'aiuto dello Spirito, vive per essa.

Chi ha invece lo spirito dell'anticristo si oppone a Gesù

Cristo con la stessa Parola di Dio e nega la Sua opera di redenzione. Devi essere vigile ed anche saper distinguere gli spiriti dell'anticristo, perché sono molto spesso attivi tra i credenti abusando della Parola di Dio.

In ogni caso, negare Gesù Cristo non è affatto diverso da combattere contro Dio, che Lo ha mandato in questo mondo.

La Bibbia avverte sull'anticristo, in 2° Giovanni 1:7-8, come segue:

> *"Poiché sono apparsi nel mondo molti seduttori, i quali non confessano che Gesù Cristo sia venuto in carne; questi è il seduttore e l'anticristo. Fate attenzione a non perdere il frutto delle cose compiute, ma fate in modo di riceverne una piena ricompensa."*

In 1° Giovanni 2:19 c'è un altro avvertimento per noi:

> *"Sono usciti di mezzo a noi, ma non erano dei nostri perché, se fossero stati dei nostri, sarebbero rimasti con noi, ma ciò è accaduto perché fosse palesato che non tutti sono dei nostri."*

Vi sono due tipi di anticristo: la persona posseduta dallo spirito in questione e quella ingannata dallo stesso. Entrambe cercano di raggirare gli uomini ovunque dimora lo Spirito Santo, li seducono per porli in contrasto alla Parola di Dio inducendoli in errore attraverso i loro pensieri. Coloro i cui pensieri sono totalmente controllati dallo spirito dell'anticristo, sono chiamati "posseduti dal demonio".

Se ad un ministro fosse dato lo spirito dell'anticristo, i membri della chiesa catturati da esso, avanzerebbero senza sosta verso la via della distruzione.

Devi dunque conoscere chiaramente lo Spirito della verità e lo spirito della falsità per non essere ingannato da quello dell'anticristo e per vivere secondo la verità e la luce.

Come distinguere ed esaminare gli spiriti

1° Giovanni 4:5-6 dichiara: *"Essi sono dal mondo; per questo parlano di cose del mondo e il mondo li ascolta. Noi siamo da Dio; chi conosce Dio ci ascolta; chi non è da Dio non ci ascolta; da questo riconosciamo lo Spirito della verità e lo spirito dell'errore"*. Il termine "errore" si riferisce ad "asserzione falsa": lo spirito della falsità è lo spirito mondano che ti inganna per farti credere che il falso sia vero, determinando il tuo allontanamento dalla fede. In altre parole, chi è da Dio ascolta la Parola della verità, ma non è così per chi appartiene al mondo; quindi, è facile distinguerli fra loro. Conoscendo la verità, sarà ovvio per te capire e confermare se le persone sono mosse dalla luce piuttosto che dall'oscurità, o viceversa.

Per esempio, se qualcuno dice di domenica: "Facciamo un picnic questo pomeriggio; saltiamo il servizio serale ed andiamo solo a quello della mattina, intanto è la stessa cosa"; oppure se qualcun altro cerca di distruggere il regno di Dio con trucchi malvagi, e dichiara comunque di credere in Lui, è in atto l'opera dello spirito di falsità.

Ricevendo lo Spirito della verità puoi capire molte cose che Dio ti ha liberamente dato (1° Corinzi 2:12) ed è per questo che lo Spirito Santo dimora in te, prezioso figlio di Dio. Lo Spirito della verità conduce alla sincerità e al vero, non parla da se stesso, ma di quello che sente e riferisce ciò che deve ancora avvenire.

In Giovanni 14:17 Gesù dice: *"Lo Spirito della verità, che il mondo non può ricevere, perché non lo vede e non lo conosce; ma voi lo conoscete, perché dimora con voi e sarà in voi"*. Anche in Giovanni 15:26 leggiamo altre parole di Gesù riferite allo Spirito Santo: *"Ma quando verrà il Consolatore, che vi manderò dal Padre, lo Spirito di verità che procede dal Padre mio, egli testimonierà di me"*.

Ancora, in 1° Corinzi 2:10 leggiamo che: *"Lo Spirito investiga ogni cosa, anche le profondità di Dio"*. Come sta scritto, dunque, lo Spirito Santo è il solo a conoscere e percepire completamente la mente di Dio.

Di conseguenza, coloro i quali hanno ricevuto lo Spirito della verità ascoltano la Parola della verità e la mettono in pratica: più si estendono il regno di Dio e la Sua giustizia, più essi si rallegrano, sono pieni di vita e desiderano ardentemente la sovranità celeste.

Alcuni, però, frequentano la chiesa senza la vera gioia, perché appartengono ancora al mondo e preferiscono le sue manifestazioni come denaro, divertimento, ecc... Essendo quindi privi della fede generata da Dio, vivono esattamente al contrario di chi ha lo Spirito della verità.

Vivendo nella falsità, questo tipo di persone lascerà inevitabilmente Dio. Perciò, colui che calunnia, fa girare pettegolezzi sui credenti e mosso da invidia disturba chi è fedele al Signore, non proviene dallo Spirito della verità.

Che nessuno vi seduca

1° Giovanni 3:7 ci esorta come segue: *"Figlioletti, nessuno vi seduca"*. Per non essere mai ingannato dalla falsa conoscenza, non dovresti mai sviarti dalla Parola di Dio da cui ricevi il vero insegnamento. In questo modo si ottiene la salvezza completa, e si godrà la vita eterna un giorno nel regno dei cieli.

Il diavolo, nel frattempo, farà del suo meglio per impedire ai figli di Dio di vivere attraverso la Sua Parola. Cercherà di comprometterli col mondo, allontanandoli dal Signore ed incrementando in loro il dubbio al punto di opporsi a Lui. In 1° Pietro 5:8 leggiamo: *"Il vostro avversario, il diavolo, va attorno come un leone ruggente cercando chi possa divorare"*.

Come può il nemico, Satana, ingannare i figli di Dio? Facciamo l'esempio di un uomo che vuole tentare una donna. Se lei si pone con grazia e dignità comportandosi onorevolmente, l'uomo per quanto ne abbia l'intenzione, non oserà tentarla; ma se lei usasse un atteggiamento poco conforme alla responsabilità e alla dignità femminile, lui ne approfitterebbe facilmente. Similmente, il nostro nemico, Satana, si avvicinerà a chi non è saldo nella verità tentandolo per metterlo in opposizione a Dio e condurlo infine sulla via della morte. Anche Eva fu tentata dal diavolo, perché presa in un momento in cui aveva abbassato la guardia a causa della sua comprensione distorta della Parola divina.

Puoi essere, chiaramente, provato anche senza alcuna colpa,

ma questo è perché Dio vuole benedirti in modo particolare. Pensa a Daniele, che era stato gettato nella fossa dei leoni, o ad Abrahamo, al quale il Signore stesso chiese di sacrificare il suo unico figlio come offerta a Lui.

Quando però, affronti prove e impedimenti perché non sei fermamente saldo nella verità, dovresti convertirti immediatamente dai tuoi peccati con pentimento, liberarti di tutte le tentazioni e problematiche con la Parola di Dio, e fare del tuo meglio per restare in piedi sulla roccia eterna.

Fermo nella verità, senza essere ingannato

In 1° Timoteo 4:1-2 l'autore scrive: *"Or lo Spirito dice espressamente che negli ultimi tempi alcuni apostateranno dalla fede, dando ascolto a spiriti seduttori e a dottrine di demoni, per l'ipocrisia di uomini bugiardi, marchiati nella propria coscienza".*

Questa scrittura si riferisce a tempi futuri, durante i quali alcune delle persone che dichiarano di avere fede, si svieranno seguendo spiriti disonesti e insegnamenti demoniaci.

Le persone ingannate, per quanto sembrino agire con fedeltà e rettitudine, sono in realtà degli ipocriti: pregano solo se davanti agli altri e sono leali a motivo del denaro, non perché mossi dalla gratitudine per la grazia di Dio. Alla fine abbandoneranno la fede e percorreranno la via della morte perché a causa della menzogna, le loro coscienze sono diventate aride, prive ormai di verità e si appagheranno col divertimento mondano.

Dio ci avverte severamente attraverso la Bibbia di stare attenti all'inganno e in Matteo 7:15-16 leggiamo queste parole di Gesù: *"Voi li riconoscerete dai loro frutti. Si raccoglie uva dalle spine o fichi dai rovi?"*.

Parole ed azioni riflettono i pensieri e la volontà di ogni individuo. Ovvero, tu puoi riconoscere le persone dai loro frutti: colui che genera frutti del male come odio, invidia e gelosia, invece di quelli della verità come bontà e giustizia, è un falso profeta.

Molti falsi profeti, l'anticristo, sono già presenti in questo mondo. Ripeto il concetto già espresso in questo capitolo: i figli di Dio hanno dunque bisogno di avere una corretta comprensione riguardo al soggetto eresia ed intendimento nel distinguere lo spirito di verità da quello di falsità.

Ed ancora ti ricordo che Satana, il diavolo, non perde opportunità nell'ingannare i figli di Dio e nell'indurli a peccare ogni qualvolta esitino sulla verità. Rimanendo stabile su di essa in ubbidienza, non sarai ingannato dallo spirito della falsità, ma lo sconfiggerai facilmente qualora si avvicinasse a te.

Non aderire ad alcun altro insegnamento se non a quello della Parola di Dio e non essere ingannato da quelle dottrine contrarie alla verità. Rispetta e segui piuttosto i desideri dello Spirito Santo, per presentarti coraggioso ed irreprensibile quando il nostro Signore Gesù Cristo tornerà.

Attenzione alle Sette Eretiche

Dopo che il Vangelo è stato portato in ogni angolo della terra, sono nate numerose sette eretiche che hanno ingannato molti figli di Dio conducendoli sulla via della morte.

Le loro caratteristiche hanno dei fattori comuni: sono negligenti riguardo alla Bibbia, travisano e alterano l'insegnamento dell'Evangelo, e pongono i propri scritti allo stesso livello della Sacra Scrittura. I loro fondatori sono ritenuti sacri dai numerosi seguaci, concentrati quasi unicamente sui pensieri e testi dei loro maestri o guide spirituali. Questi, non predicano il messaggio della croce, della risurrezione e del ritorno di Gesù Cristo, anzi, ingannano le persone allontanandole dal Padre Celeste. Inoltre, sono per la maggior parte avidi e fanno del loro meglio per trarre utilità in denaro dalle loro azioni.

Permettimi di esaminare molto brevemente, alcune di queste sette.

Prima di tutto, attenzione alla "Chiesa dell'Unificazione" o "Associazione dello Spirito Santo per l'Unificazione del Cristianesimo Mondiale", fondata da Sun Myung Moon. Questo movimento nega il carattere divino di Gesù Cristo e la Trinità, considera inoltre il Figlio di Dio una creatura come le altre la quale ha salvato solamente il nostro spirito, ma non la nostra corruzione carnale. Proclama insistentemente la necessità di un secondo signore il quale deve venire in carne per la nostra salvezza e che Sun Myung Moon sia quell'uomo, secondo quanto insegna il sacro libro di questa setta, il *Won-li Gang-non, o "I Principi. Un'esposizione"*. Moon dichiara di essere il Salvatore ritornato. Egli ha usato tutte le sue energie per trarre profitto attraverso varie entità sociali in Corea, Stati Uniti ed Europa, attraverso le quali è diventato estremamente ricco.

Secondo, dovresti essere cauto nei confronti dei "Testimoni di Geova", movimento iniziato nel 19° secolo, negli Stati Uniti: smentisce la Trinità e considera Gesù come una delle tante creature di Dio. Dichiara che non ci sarà il ritorno di Gesù Cristo, che il regno dei cieli è in questo mondo e che nel 1914 c'è stata la sua prima "manifestazione" in terra. Il suo insegnamento è basato sulle proprie sacre scritture, *"Traduzione del Nuovo Mondo"*. A causa della loro errata comprensione e fede sul Millennio, i testimoni di Geova hanno provocato controversie sociali e problematiche evitando il servizio militare, rifiutando il saluto alla bandiera nazionale ed altro.

Terzo, devi essere meticolosamente attento ai "Mormoni", gli aderenti alla "Chiesa di Gesù Cristo dei Santi degli Ultimi Giorni". Fondata nel 1830 negli Stati Uniti da Joseph Smith, questa, è fra le maggiori sette eretiche, insieme ai Testimoni di Geova e Scientology. Il Libro di Mormon è la base del suo insegnamento, riconosce Gesù Figlio di Dio, ma non come reale Salvatore, smentisce il peccato originale e la Trinità, è vicina al politeismo.

Quarto, devi essere prudente con l'Associazione Coreana "Jesus's Evangelization Revival". Inizialmente era denominata "Associazione di Evangelizzazione", ma nel 1980 fu chiamata Heavenly Father's Church (Chiesa del Padre Celeste). Il suo fondatore Taesun Park, morto qualche anno fa, si proclamò "Il Giusto dell'Est" e anche "L'Albero d'Ulivo", predicò un Dio diverso da quello del Cristianesimo e si autodefinì il salvatore mandato dal suo Dio. Ha le proprie sacre scritture, *Principle of Mistery*, nelle quali si proclama che la salvezza non viene dal Cristianesimo ma da lui, l'Albero d'Ulivo. Separato dal Cristianesimo, ha sparso la sua organizzazione in molte città della Korea, ed ha diretto alcune società come la Sinang-Chon e la Zion.

Anche se ci può sorprendere, vi sono molti eretici in questi giorni: quelli che si oppongono a Gesù Cristo manipolando la Parola di Dio o che negano il regno dei cieli, coloro che dichiarano di essere Gesù Cristo e negano il messaggio della croce, la Trinità e l'opera dello Spirito Santo, e poi molti falsi profeti e tanti altri ancora.

Gesù ci dice: *"L'uomo buono dal buon tesoro del cuore trae cose buone; ma l'uomo malvagio dal suo malvagio tesoro trae cose malvagie. Or io dico che nel giorno del giudizio gli uomini renderanno conto di ogni parola oziosa che avranno detta. Poiché in base alle tue parole sarai giustificato, e in base alle tue parole sarai condannato."* (Matteo 12:35-37).

L'uomo buono ha il cuore buono e non può compiere atti malvagi e danni alle altre persone, anche se una tale azione gli fosse sfavorevole.

Invece il malvagio non può gioire nella verità; a causa della sua invidia e gelosia, ogni genere di perfidia e scorrettezza è utilizzata da lui per far inciampare gli altri. Anche se il ragionare di un individuo del genere possa anche sembrare apparentemente corretto e giusto, non puoi certo asserire che sia una brava persona, se vive calunniando gli altri e separandoli.

Alla luce di tutto questo, non mi stanco di ripetere che devi pregare sempre e stare all'erta per non essere ingannato; devi saper distinguere se gli spiriti appartengono alla verità o meno e non devi mai giudicare gli altri. Inoltre, sii saldo nella fede, nella Trinità - il Padre, il Figlio e lo Spirito Santo - e continua a credere nell'intera Bibbia, vivendo da e per essa, in ubbidienza a Dio.

"Vieni, Signore Gesù!"

Note sull'autore
Dott. Jaerock Lee

Il Dottor Lee nasce a Muan, una provincia di Jeonnam, Repubblica di Corea, nel 1943. Poco più che ventenne, si ammalò e soffrì per ben sette anni di una serie di malattie incurabili, senza speranza di guarigione, aspettava solo la morte. Un giorno di primavera del 1974, sua sorella lo accompagnò in una chiesa e quando si inginocchiò per pregare, il Dio vivente lo guarì immediatamente da tutte le sue infermità.

Dal momento del suo incontro con l'Iddio vivente attraverso quella esperienza meravigliosa, lo ama sinceramente fino a che nel 1978 è chiamato ad essere un Suo servitore. Prega con fervore per capire chiaramente la volontà divina, compierla appieno e ubbidire alla Sua Parola. Nel 1982 fonda la chiesa "Manmin Joong-ang" a Seul (Sud Corea) dove hanno luogo innumerevoli opere di Dio, incluse guarigioni miracolose e prodigi.

Nel 1986 è ordinato pastore all'Assemblea Annuale della Chiesa Jesu's Sungkyul della Corea e quattro anni più tardi, nel 1990, i suoi sermoni cominciano ad essere divulgati dalla Società di Radiodiffusione dell'Estremo Oriente, Asia Broadcast Station e dal Washington Christian Radio System per Australia, Russia, Filippine e altri paesi.

Fin dal 1993, assume la direzione delle missioni nel mondo attraverso molte campagne estere: Stati Uniti, Tanzania, Argentina, Uganda, Giappone, Pakistan, Kenia, Filippine, Honduras, India, Russia, Germania, Perù, Israele e Repubblica Democratica del Congo e molte altre; inoltre, nel 2002, a motivo del suo lavoro evangelistico svolto all'estero, è nominato

"Pastore" a livello mondiale dai maggiori giornali cristiani in Corea.

Sempre nel 1993, riceve un Dottorato Onorario dalla Christian Faith College (Florida, Stati Uniti), mentre la chiesa "Manmin Joong-ang" è selezionata come una delle prime 50 chiese del mondo dalla rivista *Christian World* (USA). Nel 1996 ottiene un Ph. D. nel Ministerio dal Kingsway Theological Seminary (Iowa, Stati Uniti).

A aprile del 2010, il ministero Manmin conta una congregazione di oltre 100.000 membri a Seul ed altre 9.000 chiese tra le nazionali e quelle sparse nel resto del mondo. Finora ha rilasciato più di 131 missionari in 23 diversi paesi, inclusi Stati Uniti, Russia, Germania, Canada, Giappone, Cina, Francia, India, Kenia e molti altri.

Ad oggi, il Dott. Lee ha scritto 59 libri, tradotti in più di 44 lingue, tra cui i best-seller: *Gustare la Vita Eterna prima della Morte (Tasting Eternal Life before Death)*; *Il Messaggio della Croce (The Message of the Cross)*; *La Misura della Fede (The Measure of Faith)*; *Heaven I & II (Il Cielo I & II)*; *Hell (L'Inferno)* e *The Power of God (La Potenza di Dio)*.

Il Dottor Lee attualmente, è fondatore e presidente di diverse organizzazioni missionarie ed associazioni, tra le quali The United Holiness Church of Korea, Manmin World Mission, Manmin TV, Global Christian Network – GCN, The World Christian Doctors Network – WCDN, Manmin International Seminary (MIS).

Il Cielo I: *Luminoso e Meraviglioso come il Cristallo*

Uno schizzo dettagliato dell'ambiente vivente e sfarzoso che i cittadini del Cielo godono, al cospetto della gloria di Dio; una descrizione totale del cielo, il cui regno consiste di cinque livelli.

Il Cielo II: Ripieno della Gloria di Dio

Un invito per la Città Santa, la Nuova Gerusalemme, le cui dodici porte sono composte da scintillanti perle; essa risiede al centro di un immenso cielo ed è risplendente come gioielli preziosissimi.

Inferno

Un serio messaggio da Dio a tutta l'umanità: Egli desidera che neanche una sola anima precipiti nelle profondità dell'Inferno! Scoprirai il resoconto, mai rivelato prima, della crudele realtà di questo luogo e dell'Ades.

Gustare la Vita Eterna Prima della Morte

La memorabile testimonianza del Reverendo Dott. Jaerock Lee che, nato di nuovo, ha raggiunto la salvezza attraverso la valle della morte e conduce una vita cristiana esemplare.

La Misura della Fede

Che tipo di abitazione, corona e ricompensa sono state preparate per te in cielo? Questo libro ti equipaggia con saggezza e con una linea guida per misurare la tua fede e coltivarla in modo che raggiunga la maturità.

www.ingramcontent.com/pod-product-compliance
Lightning Source LLC
Chambersburg PA
CBHW030405130626
46549CB00004B/1638